Leo Tolstoi

Gesammelte autobiografische und politische Schriften: Meine ersten Erinnerungen + Eine Schande + Zur Frage von der Freiheit des Willens + Satirisches Gedicht + Meine Beichte + Briefe

e-artnow 2018

Glikl bas Judah Leib
Die Memoiren der Glückel von Hameln: Erste Autobiografie einer deutschen Frau

Alexandre Dumas
Napoleon Bonaparte

Leopold von Ranke
Friedrich II. König von Preußen: Biographie

Franz Mehring
Karl Marx - Geschichte seines Lebens

Jakob Wassermann
Mein Weg als Deutscher und Jude (Autobiografie)

Leo Tolstoi

Gesammelte autobiografische und politische Schriften: Meine ersten Erinnerungen + Eine Schande + Zur Frage von der Freiheit des Willens + Satirisches Gedicht + Meine Beichte + Briefe

Die Memoiren und die politischen Ansichten von Lew Tolstoi

e-artnow, 2018
ISBN 978-80-273-1702-8

Inhaltsverzeichnis

Meine ersten Erinnerungen

Von den in den vorliegenden Blättern gesammelten kleinen Schriften Tolstois sind drei, nämlich »Zwei Briefe über Gewissensfragen«, »Eine Schande«, »Brief an einen Polen« schon vor einiger Zeit mir aus dem Hause des Grafen Tolstoi zugekommen mit dem Auftrag von ihm selbst, sie in geeigneter Weise zu veröffentlichen. Diesem Auftrag glaubte ich am besten zu entsprechen, indem ich sie der bewährten Obhut der Verlagsbuchhandlung Otto Janke übergab.

Die übrigen kleinen Schriften in Prosa sind aus den neuesten Bänden der Gesamtausgabe von Tolstois Werken übertragen worden. Die erste Stelle unter denselben gehört ohne Zweifel den »Ersten Erinnerungen«, welche Graf Tolstoi schon 1878 als Anfang einer leider unvollendet gebliebenen Autobiographie niederschrieb.

Diesen Erinnerungen, erlaubte ich mir, die Mitteilungen von Eugen Schyler, früherem amerikanischen Generalkonsul in Odessa, an die Seite zu stellen, welcher mit dem Grafen in persönlichem Verkehr stand. Diese Erinnerungen enthalten so viel Neues und Lesenswertes über den Entwickelungsgang Tolstois, seine Kriegsjahre, sein persönliches Wesen, seine Ansichten und Urteile, seine Schule, Familiengeschichte und manches andere, meist nach mündlichen Mitteilungen des Grafen, und Schuyler hat auf so liebenswürdige Weise dem berühmteren Namen den Vortritt zu lassen verstanden, daß der größere Teil seiner Erinnerungen in den eigenen Worten des Grafen wiedergegeben ist.

Schuylers Mitteilungen erschienen zuerst in Scribners Magazine in New York und die Redaktion der historischen Zeitschrift » *Russkaja Stariná* « (das russische Altertum) in St. Petersburg fand dieselben so gehaltvoll, daß sie sie in ihrer Zeitschrift vollständig wiedergab.

Das beigegebene satirische Gedicht fand ich gleichfalls in der » *Russkaja Stariná* «, mitgeteilt von einem Mitkämpfer im Krimkrieg. Die damalige nicht gerade geniale russische Kriegsleitung forderte die Satire im eigenen Lager heraus, und so entstand dieses Gedicht während der Belagerung von Sewastopol in einem heiteren Offtzierskreise unter der Ägide und der eifrigsten Mitarbeit des jungen Stabskapitän Tolstoi, welchem der größere Teil der Verse zugeschrieben wird.

L. A. Hauff.

Meine ersten Erinnerungen.

Meine ersten Eindrücke vermag ich nicht mehr in die richtige Reihenfolge zu bringen. Ich weiß nicht mehr, was früher, was später war, und von einigen weiß ich nicht mehr, ob ich sie geträumt oder in Wirklichkeit empfangen habe.

Meine frühesten Erinnerungen sind die folgenden: Ich bin gebunden. Ich will die Arme freimachen und kann es nicht. Ich schreie und weine, und mein Geschrei ist mir selbst unangenehm, aber ich kann es nicht zurückhalten. Vor mir steht jemand und bückt sich zu mir herab, aber ich erinnere mich nicht, wer. Es war im Halbdunkel, aber ich erinnere mich, daß es zwei Personen waren. Mein Geschrei wirkt auf sie ein, sie sind in Sorge, binden mich aber nicht los, wie ich wünsche, und ich schreie noch lauter. Sie glauben, es müsse so sein, ich müsse gebunden sein, während ich weiß, daß das nicht nötig ist und ihnen das beweisen will. Und ich breche in lautes Geschrei aus, das mir selbst widerlich, aber nicht zurückzuhalten ist. Ich fühle die Ungerechtigkeit und Grausamkeit des Schicksals, nicht der Menschen, denn sie bedauern mich, sondern des Schicksals, und empfinde Mitleid mit mir selber. Ich weiß nicht und werde es niemals erfahren, was das war, ob man mich eingewickelt hat, als ich noch ein Säugling war, und ob ich dann meine Arme losgerissen habe, oder ob man mich erst in späteren Jahren einwickelte, damit ich mir nicht das Gesicht zerkratze, oder ob ich in dieser einen Erinnerung so viele Eindrücke angesammelt habe, wie das im Schlaf vorkommt, – aber das weiß ich, daß dies mein erster und stärkster Eindruck im Leben war. Ich verlange nach Freiheit, sie stört niemand, aber ich, der Kraft nötig hat, ich bin schwach, und sie sind stark.

Eine andere Erinnerung ist freudiger Art. Ich sitze in einer Wanne und bemerke einen nicht unangenehmen Geruch von etwas Neuem, mit dem man meinen kleinen Körper abreibt. Wahrscheinlich war es Kleie, und wahrscheinlich amüsierte mich die Neuheit der Situation in der Wanne und im Wasser, und ich bemerkte zum ersten Mal mit Wohlgefallen meinen kleinen Körper, die Brust und die darunter sichtbaren Rippen und die glatte, dunkle Wanne, die vertrockneten Hände der Wärterin, das warme, dampfende, plätschernde Wasser und besonders das Gefühl der Glätte der nassen Ränder der Wanne, wenn ich mit den Händchen darüber hinfuhr.

Es ist sonderbar und eigentlich schrecklich zu denken, daß ich in der Zeit von meiner Geburt bis zum dritten Jahr, also in der Zeit, wo ich an der Brust genährt, darauf entwöhnt wurde, wo ich anfing zu kriechen, zu gehen und zu sprechen, nicht eine einzige weitere Erinnerung, außer diesen beiden, finden kann.

Wann begann mein Dasein? Wann begann ich zu leben? Warum macht es mir Vergnügen, mich mir in meinem damaligen Zustand vorzustellen, und warum war es mir schrecklich, wie es jetzt noch vielen schrecklich ist, an den Augenblick zu denken, wo ich wieder in den Zustand des Todes eintrete, aus welchem wir keine in Worten auszudrückende Erinnerung mitbringen?

Habe ich etwa damals nicht gelebt, als ich lernte, zu sehen, zu hören, zu begreifen, zu sprechen, als ich schlief, als ich an der Brust sog, lachend die Brust küßte und das Herz meiner Mutter erfreute? Gewiß habe ich damals gelebt, und es war ein fröhliches Leben! Habe ich etwa nicht damals das alles erworben, wovon ich jetzt lebe, und habe ich nicht so viel und so schnell erworben, daß ich während meines ganzen übrigen Lebens nicht mehr den hundertsten Teil davon erworben habe? Von dem fünfjährigen Kind bis zu mir ist nur ein Schritt. Zwischen dem Neugeborenen und dem Fünfjährigen liegt eine weite Entfernung, zwischen dem Embryo und dem Neugeborenen – ein Abgrund. Zwischen dem Nichtsein und dem Embryo aber liegt nicht nur ein Abgrund, sondern – das Unbegreifliche.

Entfernung, Zeit und Ursache sind Formen der Vorstellung und das Wesen des Lebens liegt außerhalb dieser Formen, unser ganzes Leben aber ist eine immer weiter gehende Unterwerfung unter diese Formen und dann wieder die Befreiung von ihnen.

Meine späteren Erinnerungen beziehen sich auf das vierte und fünfte Jahr, aber ihre Zahl ist auch sehr gering, und keine einzige betrifft das Leben außerhalb der Wände des Hauses. Vor dem fünften Jahr existierte die Natur nicht für mich. Alle Vorgänge, deren ich mich erinnere, erlebte ich in meinem Bettchen, im Zimmer. Weder Gräser, noch Blätter, weder Himmel, noch

Sonne gab es für mich. Es kann nicht sein, daß man mich nicht mit Blumen, mit Blättern spielen ließ, daß ich keine Gräser gesehen habe, daß man mich nicht gegen die Sonne schützte, aber bis zum fünften, sechsten Jahr habe ich nicht eine einzige Erinnerung von dem, was man Natur nennt. Wahrscheinlich muß man außerhalb der Natur stehen, um sie zu sehen, ich aber war ein Teil der Natur.

Die auf die Badewanne folgende Erinnerung ist die an »Jereméjewna«. Mit diesem Wort erschreckte man uns Kinder und wahrscheinlich auch schon früher, aber meine Erinnerung daran zeigt nur folgendes Bild. Ich liege im Bett, heiter und vergnügt wie immer und deshalb würde ich mich dessen auch nicht erinnern, aber plötzlich sagt die Wärterin oder sonst jemand aus dem, was meinen Lebenskreis bildete, etwas mit einer mir neuen Stimme und geht hinaus. Ich aber empfinde neben meiner Heiterkeit auch etwas Angst. Ich erinnere mich, daß ich nicht allein bin, sondern noch etwas Ähnliches da ist. (Das war wahrscheinlich meine um ein Jahr jüngere Schwester Maschenka, deren Bettchen in demselben Zimmer stand.) Wir beide freuen uns und ängstigen uns über das Ungewöhnliche, das mit uns vorgegangen. Ich verberge mich unter dem Kissen und sehe darunter hervor nach der Thüre, durch welche ich etwas Neues und Heiteres erwarte. Und wir lachen, verstecken uns und warten. Da erscheint jemand mit einem Tuch und einer Haube, wie ich sie nie zuvor gesehen habe, aber ich erkenne, daß das dieselbe Wärterin (oder Tante, ich weiß es nicht) ist, welche immer bei mir ist, und sagt mit einer rauhen Stimme, die ich erkenne, etwas Schreckliches von bösen Kindern und von Jereméjewna. Ich schreie vor Angst und Vergnügen, und wirklich, ich fürchte und freue mich zugleich darüber, daß ich Angst habe und will es diejenige, die mich erschreckt hat, nicht merken lassen, daß ich sie erkannt habe. Wir liegen still, dann aber beginnen wir absichtlich wieder, miteinander zu flüstern, um Jereméjewna wieder herauszufordern.

Eine ähnliche Erinnerung ist wahrscheinlich aus späterer Zeit, denn sie ist klarer, blieb mir aber immer unbegreiflich. Die Hauptrolle in dieser Erinnerung spielt ein Deutscher, Namens Fedor Iwanowitsch, unser Hauslehrer. Ich weiß, daß ich mich noch nicht unter seiner Aufsicht befand, folglich war das vor meinem fünften Jahr. Und das ist mein erster Eindruck von Fedor Iwanowitsch. Das war früher, als meine früheste Erinnerung an meine Brüder, meinen Vater, oder sonst jemand. Nur von einer einzigen gesonderten Person habe ich eine Vorstellung, nämlich von meiner Schwester und nur deshalb, weil sie sich mit mir zusammen vor Jereméjewna gefürchtet hat.

Mit dieser Erinnerung verbindet sich bei mir auch die erste Vorstellung davon, daß unser Haus einen oberen Stock hatte. Wie ich dahin gelangt bin, ob ich selbst gegangen oder dahin geführt worden war, davon weiß ich nichts. Ich erinnere mich nur, daß wir unserer viele waren und uns an den Händen hielten. Unter uns ist auch eine fremde Frau (ich weiß nicht mehr, warum ich mich erinnere, daß das eine Waschfrau ist) und wir alle fangen an, uns zu drehen und zu springen, und Fedor Iwanowitsch springt sehr hoch mit heftigen Gebärden und sehr lärmend. Ich hatte das Gefühl, daß das nicht schön und unanständig sei, und in demselben Augenblick bemerke ich auch ihn. Ich glaube, ich brach in Thränen aus und alles war zu Ende.

Das ist alles, dessen ich mich bis zu meinem fünften Jahr erinnern kann. Weder meiner Wärterinnen, Tanten, Brüder, Schwestern, noch des Vaters, der Spielsachen, der Zimmer, noch sonst an (irgend) etwas Damaliges kann ich mich erinnern. Bestimmtere Erinnerungen beginnen bei mir mit der Zeit, wo ich hinabgeführt wurde zu Fedor Iwanowitsch und meinen älteren Brüdern.

Als man mich hinabführte zu Fedor Iwanowitsch und den Knaben, empfand ich zum ersten Mal und daher stärker, als jemals später, jenes Gefühl, das man Pflichtgefühl nennt. Ich war traurig darüber, daß ich das Gewohnte, das von Ewigkeit her Gewohnte verlassen sollte, eine poetische Traurigkeit befiel mich über die Trennung von den Menschen, von meiner Schwester, meiner Wärterin, meiner Tante und noch mehr von meinem Bett, meinem Kissen, und schrecklich erschien mir das neue Leben, in das ich eintrat.

Ich suchte das mir bevorstehende Leben heiter zu finden und bemühte mich, an die freundlichen Reden zu glauben, mit denen mich Fedor Iwanowitsch empfing, und die Geringschätzung nicht zu bemerken, mit der die Knaben mich, den Jüngsten, aufnahmen. Ich zwang mich, daran zu glauben, daß es für einen großen Knaben eine Schande sei, mit Mädchen umzugehen und daß an diesem Leben oben mit der Wärterin nichts Schönes sei. Innerlich aber war ich schrecklich traurig und wußte, daß ich die Unschuld und das Glück unwiederbringlich verlor. Nur das Gefühl der eigenen Würde und das Bewußtsein, daß ich meine Pflicht erfüllte, hielt mich aufrecht.

Noch oft hatte ich im späteren Leben an den Scheidewegen des Lebens solche Augenblicke zu durchleben, wenn ich einen neuen Weg betrat. Dann empfand ich stillen Kummer über die Unwiederbringlichkeit des Verlorenen und konnte nur schwer daran glauben, daß es so sein müsse. Wenn man mir auch zuredete, ich werde zu den Knaben gebracht, – der Kittel mit den im Rücken angenähten Hosenträgern, den man mir umlegte, trennte mich für immer vom oberen Stock, und hier fand ich zum ersten Mal nicht alle diejenigen, mit denen ich oben gelebt hatte, und dagegen eine Person, die ich früher nicht gekannt hatte. Das war Tantchen F. A. Ich erinnere mich der ziemlich kleinen, stämmigen, schwarzhaarigen, gutherzigen, freundlichen, mitleidigen Dame. Sie legte mir das Kleidungsstück um, indem sie mich umarmte, umgürtete und küßte mich, und ich sah, daß sie dasselbe empfand wie ich. Sie war betrübt, schrecklich betrübt, aber es mußte sein.

Zum ersten Mal fühlte ich, daß das Leben kein Spiel ist, sondern eine schwere Sache. Werde ich dasselbe empfinden, wenn ich sterben werde? Ich begreife, daß der Tod oder das zukünftige Leben kein Spiel ist, sondern eine schwere Sache.

5. Mai 1878.

Eine Schande.

In den zwanziger Jahren waren die Offiziere des Semenowschen Garderegiments, die Blüte der damaligen Jugend, meist Freimaurer und späterhin Dekabristen. Sie beschlossen, in ihrem Regiment keine Leibesstrafen mehr anzuwenden, und trotz der damaligen strengen Anforderungen des Dienstes war und blieb das Regiment auch ohne Anwendung von Leibesstrafen ein Musterregiment.

Einer der Kompagniekommandeure dieses Semenowschen Garderegiments begegnete einmal einem der besten Offiziere des Regiments und seiner Zeit überhaupt, Sergee Iwanowitsch Murawjew, und erzählte ihm von einem seiner Soldaten, einem Dieb und Trunkenbold, welcher nicht anders zu bändigen sei als durch Ruten. Darin stimmte ihm Murawjew nicht bei und schlug ihm vor, den Soldaten in seine Kompagnie zu nehmen.

Die Überführung erfolgte; schon in den ersten Tagen stahl der Soldat einem Kameraden ein Paar Stiefel, vertrank sie und lärmte in der Trunkenheit.

Murawjew versammelte die Kompagnie, rief den Soldaten vor die Front und sagte ihm: »Du weißt, daß in meiner Kompagnie nicht geschlagen noch gepeitscht wird. Ich werde auch Dich nicht bestrafen. Die von Dir gestohlenen Stiefel bezahle ich mit meinem Gelde, aber ich bitte Dich, nicht meinetwegen, sondern Deiner selbst wegen, über Dein Leben nachzudenken und Dich zu bessern.« Nach einigen freundschaftlichen Ermahnungen entließ er den Soldaten.

Dieser betrank sich wieder und fing Händel an, und wieder wurde er nicht bestraft, sondern nur ermahnt: »Du thust Dir noch mehr Schaden, aber wenn Du Dich besserst, so wird das Dir selbst zum Heil gereichen, deshalb bitte ich Dich, solche Sachen nicht mehr zu thun.«

Der Soldat war so verblüfft durch dieses ihm neue Verfahren, daß er sich vollständig besserte und ein musterhafter Soldat wurde.

Der Bruder von Sergee Iwanowitsch, Namens Matwee Iwanowitsch, der mir das erzählte, war mit seinem Bruder und mit den besten Menschen dieser Zeit der Ansicht, daß Leibesstrafe ein beschämender Überrest der Barbarei sei, welche nicht nur den Bestraften, sondern auch und noch mehr den Strafenden zum Schimpf gereiche, und konnte niemals Thränen der Rührung und des Entzückens zurückhalten, wenn man davon sprach. Und wenn ich ihn reden hörte, war es auch mir schwer, mich der Thränen zu enthalten.

Das war die Ansicht gebildeter Russen vor fünfundsiebzig Jahren über die Körperstrafe. Und nun sind fünfundsiebzig Jahre verflossen, und in unserer aufgeklärten Zeit sitzen die Enkel jener Menschen als Landrichter in den Behörden und erwägen ganz ruhig die Frage, ob man diesen oder jenen mit Ruten strafen soll und mit wieviel Streichen, oft einen erwachsenen Menschen, einen Familienvater oder wohl gar Großvater.

Die Vorgeschrittensten dieser Enkel, welche Mitglieder ländlicher Körperschaften und Versammlungen sind, verfassen Erklärungen, Adressen und Bittschriften, welche dahin zielen, man möge aus hygienischen und pädagogischen Rücksichten nicht alle Bauern prügeln, sondern nur diejenigen, welche nicht den Kursus in Volksschulen beendet haben.

Augenscheinlich ist inmitten der sogenannten gebildeten Stände eine bedeutende Veränderung vorgegangen. Die Leute der zwanziger Jahre, welche die Körperstrafe als eine für sie selbst schimpfliche Handlung ansahen, haben verstanden, sie im Kriegsdienst abzuschaffen, wo sie für unentbehrlich gegolten hatte. Die Leute unserer Zeit aber bringen sie ganz ruhig zur Anwendung, nicht auf Soldaten, sondern auf alte Leute eines der Stände des russischen Volks und fassen in ihren Körperschaften und Versammlungen mit vorsichtigem Bedacht Adressen und Bittschriften an die Regierung ab, worin sie weitschweifig erklären, daß die Rutenstrafe den Anforderungen der Hygieine nicht mehr entspreche und darum beschränkt werden müsse, oder es wäre wünschenswert, daß nur diejenigen Bauern mit der Prügelstrafe belegt werden, welche den Elementarunterricht nicht beendet haben, oder man möge diejenigen Bauern von der Prügelstrafe befreien, welche in dem Manifest bei Gelegenheit der Hochzeit des Kaisers bezeichnet seien. Augenscheinlich ist eine ungeheure Veränderung in der sogenannten höheren russischen

Gesellschaft vorgegangen, und am meisten ist es zu verwundern, daß diese Veränderung gerade zu der Zeit vorging, als in demselben Stand (dem Bauernstand), welchen man der widerlichen, rohen und dummen Prügelstrafe zu unterwerfen für notwendig hält – in diesem selben Stand während dieser fünfundsiebziger Jahre und besonders während der letzten fünfunddreißig Jahre seit der Aufhebung der Leibeigenschaft ganz ebenso bedeutende Veränderungen vorgegangen sind, aber nur in entgegengesetzter Richtung.

Zu derselben Zeit, als die höchsten, leitenden Klassen so verrohten und sittlich sanken, daß sie die Prügelstrafe in das Gesetz einführten und ganz ruhig darüber verhandeln, hat sich im Bauernstande das geistige und sittliche Niveau so bedeutend gehoben, daß die Anwendung der Körperstrafen auf diesen Stand den Mitgliedern dieses Standes nicht nur als physisch, sondern auch als moralisch roher erscheint.

Ich habe von einem Fall von Selbstmord zur Rutenstrafe verurteilter Bauern gehört und gelesen, und ich kann nicht umhin, daran zu glauben, weil ich selbst gesehen habe, wie ein ganz gewöhnlicher junger Bauer, schon als im Dorfgericht die Möglichkeit nur erwähnt wurde, daß Körperstrafe auf ihn angewendet werden könnte, bleich wie ein Tischtuch wurde und die Stimme verlor. Ich habe auch gesehen, wie ein anderer Bauer von vierzig Jahren, der zur Leibesstrafe verurteilt wurde, in Thränen ausbrach, als er auf meine Frage, ob das Urteil vollstreckt worden sei, bejahend antworten mußte.

Ich weiß auch, wie ein mir bekannter, ehrenwehrter, bejahrter Bauer, der zur Rutenstrafe verurteilt war, weil er wie gewöhnlich mit dem Starost (Schulze) gezankt und dabei übersehen hatte, daß der Starost sein Amtszeichen trug, – in die Wolostverwaltung hineingeführt wurde und von da in die Scheune, in welcher die Prügelstrafen ausgeführt wurden. Der Gerichtsdiener kam hinein mit den Ruten; dem Bauer wurde befohlen, sich zu entkleiden.

»Parfen Jermilitsch, ich habe einen verheirateten Sohn,« sagte der Bauer, am ganzen Leibe zitternd, zum Schulzen. »Geht es nicht an, das zu vermeiden? Es ist ja eine Sünde.«

»Es ist von der Obrigkeit befohlen, Petrowitsch. Ich würde es ja gern ändern,« erwiderte der Schulze finster.

Petrowitsch entkleidete sich und legte sich nieder.

»Christus hat gelitten und hat auch uns befohlen zu leiden.«

Wie mir der zugegen gewesene Schreiber erzählte, zitterten allen die Hände, und sie wagten einander nicht anzusehen. Sie fühlten, daß sie etwas Entsetzliches thaten. Und diese Leute findet man nötig, und wahrscheinlich aus irgend einem Grunde nützlich, mit Ruten zu peitschen, wie Tiere. Und sogar Tiere zu schlagen ist verboten.

Zum Wohl unseres christlichen und aufgeklärten Reiches ist es notwendig, der einfältigsten, unanständigsten und beleidigendsten Strafe nicht alle Angehörigen dieses aufgeklärten Reiches zu unterziehen, sondern nur einen seiner Stände, und zwar den arbeitsamsten, nützlichsten und zahlreichsten.

Die höchste Obrigkeit des ungeheuren christlichen Reiches konnte neunzehn Jahrhunderte nach Christus nichts Nützlicheres, Vernünftigeres und Sittlicheres erdenken, um der Verletzung der Gesetze entgegenzuwirken, als daß man die Menschen, welche das Gesetz übertreten, Erwachsene und zuweilen alte Leute, entblößt, auf die Erde wirft und mit Ruten peitscht.

Und warum wählt man gerade diese dumme, alte, barbarische Art, Schmerz zu erregen, und nicht irgend eine andere – die Schultern oder irgend einen anderen Körperteil mit Nadeln stechen oder die Hände oder Füße in einen Schraubstock zu pressen oder irgend etwas der Art?

Und die Leute jener Zeit, welche sich oft für die vorgeschrittensten Enkel jener Menschen halten, welche vor fünfundsiebzig Jahren die Körperstrafe abschafften, bitten jetzt ehrerbietig und vollkommen ernsthaft den Herrn Minister und andere hohe Persönlichkeiten darum, man möge wenigstens die erwachsenen Leute des russischen Volkes von der Prügelstrafe ausnehmen, weil die Ärzte diese ungesund finden, und diejenigen nicht prügeln, welche den Kursus der Elementarschule durchgemacht haben, und auch alle diejenigen verschonen, welche zur Zeit der Hochzeit des Kaisers bestraft werden sollten.

Die weise Regierung schweigt tiefsinnig zu diesen leichtsinnigen Äußerungen oder verbietet sie sogar. Aber kann man wohl darum bitten, kann das in Frage kommen? Es giebt Verbrechen, ob sie von Privatpersonen oder von der Regierung begangen werden, von welchen man nicht mit ruhigem Blut sprechen kann. Und ein solches Verbrechen ist die Auspeitschung erwachsener Leute eines Standes des russischen Volkes in unserer Zeit und bei unserer milden und christlichen Volksaufklärung. Zur Ausrottung solcher Frevelthaten, welche alle göttlichen und menschlichen Gesetze verletzen, genügt es nicht, sich bei der Regierung einzuschmeicheln mit Gründen der Hygieine, mit der Schulbildung, mit den Gnadenerlassen eines Manifestes. Von solchen Sachen kann man entweder gar nicht sprechen, oder man muß der Sache auf den Grund gehen, immer aber mit Abscheu und Entsetzen. Wollte man darum Bittschriften einreichen, daß diejenigen Leute aus dem Bauernstand nicht auf den entblößten Körper gepeitscht werden, welche zu lesen und zu schreiben gelernt haben, so wäre das ganz ebenso, als wenn dort, wo etwa noch die Bestrafung einer Ehebrecherin auf diese Weise im Gebrauch war, daß man dieselbe entblößt durch die Straßen führte, man darum bitten wollte, daß diese Strafe nur auf solche Frauen angewendet werde, welche das Strümpfestricken oder Ähnliches nicht verstehen.

Um solche Sachen kann man nicht ehrfurchtsvoll bitten und »sich den Stufen des Thrones nähern« und so weiter. Auf solche Sachen kann und soll man nur hinweisen, und zwar dadurch, daß solche Sachen, wenn ihnen das Ansehen der Gesetzlichkeit verliehen wird, von allen verdammt werden, die wir in diesem Reiche leben, in dem solche Dinge vorgehen. Wenn die Auspeitschung der Bauern Gesetz ist, so ist dieses Gesetz auch für mich gemacht, zur Sicherung meiner Ruhe und meines Wohls, aber das darf man nicht zulassen. Ich will und kann mich nicht zu diesem Gesetz bekennen, welches alle göttlichen und menschlichen Gesetze verletzt, und will nicht solidarisch sein mit denjenigen, welche solche Verbrechen unter dem Schein des Gesetzes befehlen und bestätigen.

Wenn man überhaupt von dieser Abscheulichkeit spricht, so kann man nur eins sagen: Daß ein solches Gesetz unmöglich ist, daß keinerlei richterliche Insignien, keine Siegel und keine allerhöchsten Befehle ein Verbrechen zu einem Gesetz machen können, und daß im Gegenteil die Erleichterung eines solchen Verbrechens in gesetzlicher Form (wie das, daß erwachsene Menschen eines einzigen und des besten Standes, nach dem Willen eines anderen, schlechteren Standes, des Adel-und des Beamtenstandes, einer unanständigen, rohen und abscheulichen Strafe unterzogen werden können), besser als alles andere beweist, daß da, wo solche pseudogesetzlichen Verbrechen möglich sind, gar keine Gesetze existieren, sondern nur die barbarische Willkür der rohen Gewalt. Wenn man von solchen Strafen, die nur auf den Bauernstand angewendet werden, spricht, so muß man nicht die Rechte der Landschaftsversammlungen verteidigen wollen, oder sich über den Gouverneur, der eine Bittschrift über die Befreiung der Schulbildung Besitzenden von der Prügelstrafe zurückwies, beim Minister beklagen, und über den Minister beim Senat, und über den Senat bei noch jemand, wie es die Semstwo von Tambow vorschlug, sondern man muß unaufhörlich heulen und schreien, daß die Anwendung der barbarischen Strafe, deren Anwendung auf Kinder bereits aufgehört hat, auf den besten Stand des russischen Volkes eine Schande für alle diejenigen ist, welche direkt oder indirekt daran teilnehmen.

Petrowitsch, welcher unter den Ruten sich bekreuzigte und sagte: »Christus hat gelitten und hat auch uns befohlen zu leiden«, vergab seinen Verfolgern und war nach der Rutenstrafe derselbe wie zuvor. Das einzige, was in ihm die an ihm ausgeführte Strafe hervorbrachte, ist die Verachtung gegen diejenige Gewalt, welche eine solche Strafe befehlen konnte. Aber bei vielen jungen Leuten wirkt nicht nur die Strafe selbst, sondern oft schon die Erkenntnis, daß die Strafe möglich ist, erniedrigend auf ihr sittliches Gefühl und erweckt zuweilen wilde und tierische Wut.

Aber noch nicht darin liegt der hauptsächlichste Schaden dieser Abscheulichkeit. Den größten Nachteil erleidet der sittliche Zustand derjenigen Menschen, welche diese Ungesetzlichkeit schützen, erlauben, befehlen – derjenigen, welche sich ihrer als Drohung bedienen und aller derjenigen, welche in der Überzeugung leben, daß diese Verletzung aller Gerechtigkeit und Menschlichkeit für ein gutes, rechtliches Leben unentbehrlich sei. Welche schreckliche, sittliche Verwirrung muß in dem Geiste und Herzen derjenigen, oft jungen Leute herrschen, die, wie ich selbst gehört habe, mit tiefsinniger, weiser Miene behaupten, man könne mit den Bauern nicht ohne Prügelstrafe auskommen, und für den Bauern sei es so am besten.

Diese Leute sind am meisten zu bedauern wegen der Verwilderung, in die sie verfallen sind und in der sie beharren.

Und darum ist die Befreiung des russischen Volkes von dem demoralisierenden Einfluß des vom Gesetz bestimmten Verbrechens eine Sache von höchster Wichtigkeit, und diese Befreiung erfolgt nicht dann, wenn von der Körperstrafe diejenigen ausgenommen werden, welche eine Schule durchgemacht haben, oder noch irgendwelche andere Bauern, oder sogar noch alle Bauern, mit Ausnahme etwa eines einzigen, sondern erst dann, wenn die herrschenden Klassen ihrer Sünde sich bewußt werden und sie aufrichtig bereuen.

14. Dezember 1895.
Leo Tolstoi.

Zur Frage von der Freiheit des Willens.

Was auch der Mensch thun mag, in all seinem bewußten Thun handelt er so und nicht anders nur deshalb, weil er entweder jetzt erkennt, daß die Wahrheit darin liegt, daß er so handeln soll, wie er handelt, oder deshalb, weil er früher einmal dies erkannt hat, jetzt aber nur gewohnheitsmäßig so handelt, wie er das früher als richtig erkannt hat.

Ob der Mensch ißt oder sich der Nahrung enthält, ob er arbeitet oder ruht, ob er die Gefahr flieht oder ihr entgegentritt – wenn er ein bewußter Mensch ist, handelt er so wie er handelt, nur deshalb, weil er das für nötig und vernünftig hält, weil er glaubt, daß die Vernunft ihm gebiete, so und nicht anders zu handeln, oder weil er das schon lange früher geglaubt hat.

Die Erkenntnis oder Nichterkenntnis aber dessen, daß die Vernunft darin liegt, so und nicht anders zu handeln, hängt nicht von äußeren, der menschlichen Beobachtung unterliegenden Ursachen ab, sondern von anderen Ursachen, die im Menschen selbst liegen und seiner Beobachtung entzogen sind. Und so wird auch bei den für die Erkenntnis der als Ursache der Handlungen dienenden Vernunft anscheinend günstigen äußeren Umstanden der eine sie nicht erkennen, während der andere aber selbst unter den ungünstigsten Umständen sie erkennt und danach handelt.

Und darum fühlt der Mensch, auch wenn er sich in seinen Handlungen unfrei fühlt, sich doch immer unabhängig von den äußeren Umständen, das heißt, er fühlt sich frei in dem, was die Ursache seiner Handlungen bildet, – in der Anerkennung oder Nichtanerkennung der Wahrheit. Und er fühlt sich frei nicht nur von den äußerlichen Ereignissen der äußeren Welt, sondern sogar auch frei von seinen eigenen Handlungen.

So bleibt ein Mensch, auch wenn er eine Handlung begeht, die dem, was er als Wahrheit erkennt, widerspricht, dennoch frei in der Anerkennung oder Nichtanerkennung der Wahrheit, das heißt, er kann seine Handlung für gut, also der Wahrheit nicht widersprechend halten und sich in der Begehung derselben gerechtfertigt fühlen, – er kann aber auch, indem er die Wahrheit anerkennt, seine Handlung für schlecht, ihr widersprechend halten und sich selbst dafür verurteilen.

So kann auch ein Spieler oder Trunkenbold, der der Verführung nicht widerstand und seiner Leidenschaft sich hingab, dennoch Spiel und Trunk für sündhaft oder für einen gleichgültigen Zeitvertreib ansehen.

Ganz ebenso kann auch ein Mensch, der aus einem brennenden Haus flüchtete, ohne dem Feuer Einhalt zu thun und ohne seinen Genossen zu retten, die Wahrheit anerkennen, daß der Mensch mit Gefahr seines Lebens anderen Leben dienen soll und daher seine Flucht für schlecht ansehen und sich darüber Vorwürfe machen, – oder er kann auch, ohne diese Wahrheit anzuerkennen, seine Handlung für natürlich und notwendig ansehen und sich selbst rechtfertigen.

Im ersteren Fall, wenn er die Wahrheit anerkennt, ungeachtet seiner Abweichung von derselben, wird er sich eine ganze Reihe von guten Handlungen bilden oder vorstellen, welche unvermeidlich aus dieser der Wahrheit entsprechenden Erkenntnis hervorgehen, im zweiten Fall aber stellt er sich eine ganze Reihe von der Wahrheit widersprechenden schlechten Handlungen vor.

Nicht daß der Mensch immer frei wäre, jede Wahrheit anzuerkennen oder nicht anzuerkennen. Es giebt Wahrheiten, welche schon lange entweder von dem Menschen selbst erkannt wurden oder ihm durch die Erziehung oder Überlieferung eingepflanzt und von ihm gläubig aufgenommen wurden, so daß sie ihm zur Gewohnheit, zur anderen Natur geworden sind: Der Mensch kann nicht umhin, solche Wahrheiten anzuerkennen und darum ist er nicht frei in Bezug auf diese. Es giebt aber noch andere Wahrheiten, von denen der Mensch nur eine unklare, entfernte Vorstellung hat und die sich ihm noch nicht vollkommen offenbarten; diese kann der Mensch nicht nach seinem freien Willen anerkennen. In der Anerkennung dieser und jener ist er in gleicher Weise unfrei. Er kann nicht umhin, die ersteren anzuerkennen, vermag aber die anderen noch nicht anzuerkennen. Aber es giebt noch eine dritte Art von Wahrheiten – solche, welche für den Menschen noch nicht zum unbewußten Motiv seines Thuns geworden sind, dabei aber schon mit solcher Klarheit sich ihm geoffenbart haben, daß er sie nicht umgehen kann und unvermeidlich Stellung zu ihnen nehmen muß; er muß sie anerkennen oder verneinen. In Bezug auf diese Wahrheiten allein äußert sich die Freiheit des Menschen.

Jeder Mensch befindet sich in seinem Leben in Bezug auf die verschiedenen Wahrheiten und auf die Wahrheit überhaupt in der Lage eines Wanderers, der in der Dunkelheit einer vor ihm her getragenen Laterne folgt: Er sieht nicht, was er schon zurückgelegt hat und was die Dunkelheit wieder verhüllt, er sieht auch nicht, was er noch nicht erreicht hat und was seine Laterne noch nicht beleuchtet, und er hat nicht die Macht, sein Verhältnis zu dem einen oder dem anderen Teil des Weges zu verändern. Aber er sieht das, was die Laterne beleuchtet – auf welcher Stelle des Weges er auch stehen mag – und immer liegt es in seiner Macht, diese oder die andere Richtung des Weges, auf dem er wandelt, zu wählen.

Ganz ebenso giebt es auch für jeden Menschen in seinem geistigen Leben Wahrheiten, welche er schon durchlebt, sich angeeignet und in sein Bewußtsein aufgenommen hat – und andere, die sich seinem geistigen Blick noch nicht enthüllt haben, die er nur ahnt – und es giebt noch eine dritte Art von Wahrheiten, welche sich dem Menschen schon so vollkommen enthüllt haben, daß er unvermeidlich auf eine oder andere Weise sich zu ihnen stellen, sie entweder anerkennen oder verneinen muß. Und eben in der Anerkennung oder Verneinung dieser Wahrheiten bethätigt sich das, was wir als unsere Freiheit erkennen.

Die ganze Schwierigkeit und anscheinende Unlöslichkeit der Frage von der Freiheit des Menschen kommt davon her, daß die Menschen, welche diese Frage zu lösen suchen, sich auch den Menschen als unbeweglich im Verhältnis zur Wahrheit vorstellen.

Unzweifelhaft ist der Mensch nicht frei, wenn man zugiebt, daß das Menschenleben und die Menschheit nicht eine beständige Bewegung von der Finsternis zum Licht, von einer tieferen Stufe der Wahrheit zu einer höheren, von einer mit Irrtümern vermischten Wahrheit zu einer davon freieren ist, das heißt, wenn man sich den Menschen unbeweglich vorstellt.

Der Mensch wäre nicht frei, wenn er gar keine Wahrheit kennen würde, ganz ebenso aber auch wäre er nicht frei und würde auch nicht einmal einen Begriff von Freiheit haben, wenn die ganze Wahrheit, die ihn im Leben leiten soll, für immer in ihrer ganzen Reinheit, ohne Beimischung von Irrtum, ihm enthüllt wäre.

Aber der Mensch ist nicht unbeweglich in seinem Verhältnis zur Wahrheit: Jeder einzelne Mensch, ganz ebenso wie auch die ganze Menschheit, befreit sich immer mehr vom Irrtum und unterwirft sich der Wahrheit, je mehr er im Leben fortschreitet. Und darum befinden sich alle Menschen immer in einer dreifachen Beziehung zur Wahrheit: Manche Wahrheiten haben sie sich schon so angeeignet, daß dieselben zu unbewußten Ursachen ihrer Handlungen wurden, andere Wahrheiten beginnen die Menschen erst zu entdecken und noch andere sind von den Menschen noch nicht vollständig angenommen, aber doch schon mit solcher Klarheit ihnen geoffenbart worden, daß sie unvermeidlich so oder anders Stellung zu diesen Wahrheiten nehmen, sie anerkennen oder verneinen müssen. Und eben in der Anerkennung oder Nichtanerkennung dieser Wahrheiten besteht die Freiheit des Menschen.

Das menschliche Leben schreitet fort nach einem bestimmten und unabänderlichen Gesetz und darum ist es überhaupt unfrei: Alle Menschen wandeln unabänderlich auf dem einzigen von diesem Gesetz vorgezeichneten Wege. Außer diesem Weg giebt es kein Leben, aber das Gesetz des menschlichen Lebens erscheint den Menschen als eine teilweise enthüllte Wahrheit, welche von ihnen anerkannt oder nicht anerkannt werden kann – und darum können die Menschen auf dem Wege des Lebensgesetzes in zweierlei Art handeln: Indem sie sich entweder bewußt und freiwillig dem Lebensgesetz unterordnen, oder indem sie sich unfreiwillig und unbewußt ihm unterwerfen. Die Freiheit des Menschen liegt in dieser Wahl.

Die Freiheit besteht nicht darin, daß der Mensch unabhängig vom Gang des Lebens und von den schon vorhandenen, auf denselben einwirkenden Ursachen willkürlich handeln kann, sondern darin, daß er, das in seinem Bewußtsein sich ihm als Wahrheit offenbarende Lebensgesetz anerkennend und sich zu demselben bekennend, sich zu einem freien und freudigen Vollführer der Thaten nicht nur seines eigenen, sondern des ganzen Weltlebens machen kann, oder auch, die Wahrheit nicht anerkennend, sich zum Sklaven des Lebensgesetzes machen kann, der unfreiwillig und gewaltsam dahin geführt wird, wohin er nicht gehen will.

Eine solche Freiheit in so engen Grenzen erscheint den Menschen so geringfügig, daß sie sie nicht bemerken. Die einen (die Deterministen) halten dieses Teilchen von Freiheit für so klein, daß sie es überhaupt nicht anerkennen, andere, die Verteidiger der vollen Freiheit, welche nur an ihre eingebildete volle Freiheit denken, vernachlässigen diese ihnen so gering erscheinende Stufe von Freiheit.

Die Freiheit, welche in den Grenzen der zum Instinkt, zur zweiten Natur gewordenen Wahrheit und einer dem Bewußtsein des Menschen noch nicht geoffenbarten Wahrheit eingeschlossen ist, diese Freiheit, welche nur in der Anerkennung einer gewissen Stufe von geoffenbarter Wahrheit besteht, erscheint dem Menschen nicht mehr als Freiheit, – um so weniger, als der Mensch, ob er die sich ihm offenbarende Wahrheit anerkennen will oder nicht, unvermeidlich zur Erfüllung derselben im Leben genötigt sein wird.

Ein Pferd, das mit einem anderen zusammen an einen Wagen gespannt ist, hat nicht mehr die Freiheit, sich zu weigern, dem Wagen vorauszugehen. Wenn es nicht geht, wird der Wagen es an die Füße stoßen, und dann wird es dahin gehen, wohin der Wagen geht und wird ihn unfreiwillig ziehen. Aber ungeachtet dieser begrenzten Freiheit steht ihm doch die Wahl frei, den Wagen zu führen oder von ihm geführt zu werden.

So ist es auch mit den Menschen.

Ob diese Freiheit groß oder klein ist im Vergleich mit jener phantastischen Freiheit, die wir haben wollen, – so besteht doch diese Freiheit unzweifelhaft, und auch diese Freiheit ist Freiheit. Und nicht nur ist diese Freiheit eine wirkliche Freiheit – sie ist auch wirkliches Leben.

Nach der Lehre Christi hat der Mensch kein wahres Leben, der den Sinn des Lebens auf dem Gebiet sieht, auf dem es nicht frei ist, – auf dem Gebiet der Folgen, das heißt der Handlungen. Ein wirkliches Leben hat nach der christlichen Lehre nur der Mensch, welcher sein Leben auf jenes Gebiet übertragen hat, auf dem es frei ist, – auf das Gebiet der Ursachen, das heißt der Erkenntnis und Anerkennung der geoffenbarten Wahrheiten, indem er sich zu denselben bekennt, worauf unvermeidlich – wie der Wagen hinter dem Pferd – die Erfüllung derselben folgt.

Wenn der Mensch sein Leben auf fleischliche Dinge überträgt, so verübt er Thaten, welche immer abhängig sind von räumlichen und zeitlichen, außerhalb seiner selbst liegenden Ursachen. Er selbst ist sogar nicht einmal der Handelnde, er glaubt nur zu handeln, aber in Wirklichkeit wird alles das, was er zu thun glaubt, von einer höheren Macht vollbracht, und er ist nicht Schöpfer des Lebens, sondern Sklave desselben. Wenn er aber sein Leben zur Anerkennung und zum Bekenntnis der ihm geoffenbarten Wahrheit anwendet, dann vereinigt er sich mit der Quelle des universellen Lebens und vollbringt Handlungen, nicht natürlicher, privater, von Raum und Zeit abhängiger Art, sondern Handlungen, welche keine andere Ursache haben, als sein Bewußtsein und selbst die Ursache alles übrigen bilden und daher auch eine unendliche, durch nichts begrenzte Bedeutung haben.

Das Reich Gottes wird durch Anstrengung erlangt, und nur diejenigen, welche Anstrengungen machen, erfreuen sich desselben, und eben diese Anstrengung, durch welche das Reich erlangt wird und welche jeder Mensch machen soll und muß, besteht nicht in äußerlichen Thaten, sondern nur in der Anerkennung und dem Bekenntnis der Wahrheit durch jeden einzelnen Menschen.

Diejenigen, welche das Wesen des wahren Lebens vernachlässigen, das in der Anerkennung und dem Bekenntnis der Wahrheit besteht, und welche ihre Anstrengungen zur Verbesserung ihres Lebens auf äußere Handlungen richten, gleichen den Menschen auf einem Dampfboote, welche, um ans Ziel zu gelangen, den Dampfkessel auslöschen, so daß die Schaufelräder nicht weiter können und im Sturm, anstatt unter schon fertigem Dampf zu gehen, sich bemühen wollten, mit Rudern zu arbeiten, welche nicht bis zum Wasser reichen.

Wenn nur die Menschen das begreifen und aufhören möchten, sich um äußere und allgemeine Dinge zu kümmern, in welchen sie nicht frei sind, und wenn sie dagegen diese Kraft, die sie auf äußere Dinge verwenden, für das einsetzen möchten, worin sie frei sind, – für die Anerkennung und das Bekenntnis jener Wahrheit, welche vor ihnen steht und auf die Befreiung ihrer selbst und der Menschheit von Lüge und Heuchelei, welche die Wahrheit verbergen, – so würde nicht nur jeder einzelne Mensch des höchsten erreichbaren Wohls teilhaftig werden, sondern es würde auch jene erste Stufe des Reiches Gottes sich verwirklichen, für welche die Menschen nach ihrer Erkenntnis bereits reif sind.

Satirisches Gedicht von Graf L. N. Tolstoi und anderen aus der Zeit der Belagerung von Sewastopol

Der Übersetzer fand dieses schöne Lied, welches in den Erinnerungen von E. P. Schuyler erwähnt wird, in einer russischen historischen Zeitschrift *(Russkaja Starina 1884)*, in welcher es auf Veranlassung eines der damaligen Mitkämpfer und Mitpoeten abgedruckt worden war. Dieser erzählt in Übereinstimmung mit E. P. Schuyler, daß während der Belagerung von Sewastopol die Offiziere vom Stab der Artillerie sich gewöhnlich abends bei ihrem Chef, General Krüschanowsky, zusammengefunden und dabei dieses Epos mit vereinten Kräften geleistet haben. Es waren: ein Oberst, ein Oberstleutnant, drei Hauptleute, darunter Graf L. N. Tolstoi, welcher bereits den Rang eines »Stabskapitän« (Hauptmann II. Klasse) erreicht hatte, und drei Leutnants, sowie gelegentlich einige andere Offiziere, wobei der Oberstleutnant gewöhnlich am Klavier die Begleitung lieferte. – Mehrere Strophen, jedoch nicht alle, sollen bestimmt von Leo Tolstoi sein.

Der Übersetzer hat sich bemüht, wenigstens den Sinn und den Ton richtig wiederzugeben.

> Dort im August, am vierten Tag,
> Da hat der Böse uns geplagt,
> Die Berge wegzunehmen,
> Die Berge wegzunehmen.
>
> Baron Wrewsky, der General,
> Es dem Fürst Gortschakow empfahl
> Und ließ ihm keine Ruhe,
> Und ließ ihm keine Ruhe.
>
> »Den Berg nimm, Fürst, ich sag' es Dir,
> Und hör', verdirb es nicht mit mir,
> Sonst werd' ich's dienstlich melden!
> Sonst werd' ich's dienstlich melden!«
>
> Sogleich versammelt sich zum Rat,
> Was große Epauletten hat,
> Dabei auch Platz-Bekok,
> Dabei auch Platz-Bekok.
>
> Platz-Bekok, so nämlich heißt er,
> Weil er ist Platz-Polizeimeister.
> Aber dem fällt gar nichts ein,
> Aber dem fällt gar nichts ein.
>
> Lange thaten Rat sie halten
> Und die Topographen malten
> Auf ein großes Blatt Papier,
> Auf ein großes Blatt Papier.
>
> Und sie malten alle Straßen,
> Nur die Schluchten sie vergaßen,
> Durch die wir sollten gehen.
> Durch die wir sollten gehen.
>
> Alsdann ritten Fürsten, Grafen
> Und zugleich die Topographen
> Bis zur großen Redutee!
> Bis zur großen Redutee!

Gortschakow sagt: »Geh', Liprandi!«
Aber der meint: »Ne, *attendez*,
Ich geh' lieber nicht dahin,
Ich geh' lieber nicht dahin.«

»Kein kluger Kopf ist nötig da.
Drum geh' nur Du hin, Reada,
Ich aber werde zusehn,
Ich aber werde zusehn.«

Reada ging in aller Ruh
Und führt' uns auf die Brücke zu.
Und nun mit Hurra vorwärts!
Und nun mit Hurra vorwärts!

Dringend bat zuvor noch Martenau,
Reserven abzuwarten:
»Nein, laßt sie nur stürmen jetzt,
Nein, laßt sie nur stürmen jetzt.«

Wir mit Hurra vorwärts treiben,
Aber die Reserven bleiben,
Gott weiß wo, sie sind verirrt,
Gott weiß wo, sie sind verirrt.

Bjelewzow, der General,
Die Fahnen kräftig schwang im Thal,
Jedoch es stand ihm schlecht an.
Jedoch es stand ihm schlecht an.

Auf die Höh'n von Feduchin
Kamen nur drei Kompagnien
Von all den Regimentern,
Von all den Regimentern.

Ja, unsre Zahl war gar nicht groß
Und dreimal stärker der Franzos,
Doch von Succurs auch keine Spur,
Doch von Succurs auch keine Spur.

Wir warten, endlich kommt Entsatz,
Eine Kolonne aus dem Platz
Und wir zum Rückzug blasen,
Und wir zum Rückzug blasen.

Der Gen'ral Sacken fromm und gut
Derweil Gebete lesen thut
Zur heil'gen Mutter Gottes,
Zur heil'gen Mutter Gottes.

Den Rückzug hat man uns befohlen,
Den aber soll der T..........,
Der uns dahin gesandt hat,
Der uns dahin gesandt hat!

Man könnte sich darüber wundern, daß ein solches Epos unter den Augen des vorgesetzten Generals entstehen konnte. Aber man muß berücksichtigen, daß der Russe nun einmal von Natur eine im ganzen harmlose Neigung, zu kritisieren, hat, wobei er auch sich selbst nicht schont, sowie daß in Kriegszeiten der Krieger leicht auf mancherlei und oft noch bedenklicheren Zeitvertreib verfällt.

L. A. H.

Meine Beichte

1.[...] Obgleich ich die schriftstellerische Tätigkeit während dieser fünfzehn Jahre für etwas Unnützes ansah, hörte ich doch nicht auf, schriftstellerisch tätig zu sein. Ich hatte eben die Verlockung der schriftstellerischen Tätigkeit, die Verlockungen außerordentlich hoher Honorare und großen Beifalls für meine geringfügige Leistung gekostet und ergab mich ihr als einem Mittel zur Verbesserung meiner äußeren Lage und zur Betäubung aller Fragen nach dem Sinn meines Lebens und des Lebens im Allgemeinen, die in meiner Seele auftauchten.

Nun lehrte ich in meinen Schriften, was für mich die einzige Wahrheit war: dass man nämlich so leben müsse, dass man es selber mit seiner Familie so gut als möglich habe. So lebte ich dahin. Aber vor fünf Jahren ging mit mir etwas höchst Seltsames vor: Es überkamen mich Augenblicke des Zweifels, förmlichen Stillstands des Lebens; mir war, als wüsste ich nicht, wie ich leben sollte, was ich tun sollte - ich verlor das Gleichgewicht und verfiel in Schwermut. Aber das ging vorüber, und ich lebte wieder wie vorher. Dann wiederholten sich diese Augenblicke des Zweifels immer häufiger und häufiger und stets in der gleichen Weise. Diese Augenblicke des Stillstands meines Lebens drückten sich immer in denselben Fragen aus: Wozu? Und was dann?

Anfangs glaubte ich, dies seien zwecklose, törichte Fragen. Ich glaubte, all das sei bekannt; und wollte ich mich erst einmal mit ihrer Lösung beschäftigen, so würde mir das keine Mühe machen -jetzt aber hätte ich keine Zeit, mich damit zu beschäftigen; wenn ich aber einmal Lust dazu hätte, fände ich auch die Antworten. Aber immer häufiger, immer häufiger tauchten die Fragen von neuem auf, forderten immer dringlicher eine Antwort; wie Punkte, die unaufhörlich auf eine Stelle niederfallen, ballten sich diese Fragen ohne Antworten zu einem schwarzen Fleck zusammen. [...]

Die Fragen schienen so töricht, so einfältig, so kindisch zu sein. Aber kaum war ich ihnen näher getreten und hatte versucht, sie zu lösen, als ich mich auch gleich davon überzeugte, dass es erstens nicht kindische und törichte, sondern die wichtigsten und tiefsten Fragen im Leben seien, und zweitens, dass ich sie durchaus und durchaus nicht lösen könne, so viel ich auch darüber nachdachte. Bevor ich mich mit meinem Besitztum im Samaragebiet, mit der Erziehung meines Sohnes, mit der Abfassung von Büchern beschäftigte, müsste ich wissen, wozu ich das tue. Bevor ich nicht weiß, wozu, kann ich nichts tun, kann ich nicht leben. Mitten in meinen Gedanken an die Wirtschaft, die mich um diese Zeit sehr beschäftigten, schoss mir plötzlich die Frage durch den Kopf: »Schön, du wirst sechstausend Desjatinen in der Provinz Samara und dreihundert Pferde besitzen, und was weiter?...«Und ich stand regungslos da und wusste nicht, was ich weiter denken sollte. Oder wenn ich darüber nachdachte, wie ich die Kinder erziehe, sagte ich mir: »Wozu?« Oder wenn ich Erwägungen darüber anstellte, wie das Volk den höchsten Wohlstand erreichen könnte, sagte ich plötzlich zu mir selbst: »Was beschäftigt das dich?« Oder wenn ich an den Ruhm dachte, den mir meine Werke eintragen würden, sagte ich mir: »Nun gut, du wirst berühmter sein als Gogol, als Puschkin, als Shakespeare, als Moliere, als alle Schriftsteller der Welt - nun, und dann!«... Und ich konnte nichts, gar nichts antworten. Die Fragen warten nicht, sie verlangen auf der Stelle eine Antwort; hat man die Antwort nicht, so kann man nicht leben. Und eine Antwort gibt es nicht.

2. Mein Leben stand still. Ich konnte atmen, essen, trinken, schlafen und war nicht imstande, nicht zu atmen, nicht zu essen, nicht zu trinken, nicht zu schlafen; aber Leben war das nicht, denn es fehlten die Wünsche, deren Befriedigung ich für vernünftig gehalten hätte. Wenn ich einen Wunsch hatte, so wusste ich vorher: Ob ich ihn befriedige oder nicht befriedige, es kommt doch nichts dabei heraus. Wäre mir eine Fee erschienen, bereit, meine Wünsche zu erfüllen, ich hätte nicht gewusst, was ich ihr sagen sollte. Habe ich auch in trunkenen Augenblicken nicht Wünsche, aber doch die Gewohnheit früherer Wünsche, so weiß ich in Augenblicken der Nüchternheit, dass dies nur eine Täuschung ist, .dass es nichts zu wünschen gibt. Ich konnte nicht einmal wünschen, die Wahrheit zu erkennen, da ich doch zu wissen glaubte, worin sie besteht.

Die Wahrheit war: Das Leben ist eine Sinnlosigkeit. Ich lebte gleichsam so dahin, ging und ging meinen Weg, war an einen Abgrund gekommen und sah deutlich, dass nichts vor mir lag als Verderben. Ein Stillstehen war unmöglich, ein Zurück war unmöglich. Es war auch unmöglich, die Augen zu schließen, um nicht zu sehen, dass nichts als Leiden und der leibhaftige Tod vor mir lag - die völlige Vernichtung. Und so kam es, dass ich - ein gesunder, glücklicher Mensch - die Empfindung hatte, ich könne nicht mehr leben; eine unüberwindliche Macht trieb mich, auf irgendeine Art mich vom Leben zu befreien. Ich kann nicht sagen, dass ich mich habe töten wollen. Die Macht, die mich trieb, das Leben zu lassen, war stärker, wuchtiger, umfassender als das Wollen. Es war eine Kraft, dem früheren Trieb zum Leben ähnlich, nur in umgekehrter Richtung. Ich strebte mit allen Kräften fort vom Leben. Der Gedanke an Selbstmord kam mir ebenso natürlich, wie mir früher die Gedanken an die Verbesserung meines Lebens gekommen waren. Dieser Gedanke war so verlockend, dass ich allerlei Kunstgriffe gegen mich selbst anwenden musste, um ihn nicht voreilig zur Ausführung zu bringen. Ich wollte nur deshalb nicht eilen, weil ich nichts unversucht lassen wollte, um Klarheit in diese Wirrnis zu bringen. Würde mir das nicht gelingen, konnte ich es ja immer noch tun. Ja, ich, ein glücklicher Mensch, verbarg damals jede Schnur, damit ich mich nicht an der Querleiste zwischen den Schränken in meinem eigenen Zimmer erhängte, in dem ich jeden Abend mich auskleidete, damit ich mich durch die allzu leichte Art nicht verführen ließ, mich vom Leben zu befreien. Ich wusste selbst nicht, was ich wollte: Ich fürchtete das Leben, strebte von ihm fort und erhoffte bei alledem immer noch etwas von ihm.

Und das geschah mir zu einer Zeit, in der mir von allen Seiten das geworden war, was man ein vollkommenes Glück nennt: Es war damals, als ich noch nicht fünfzig Jahre alt war. Ich hatte eine gute Frau, die mich liebte und die ich liebte, liebe Kinder, ein großes Besitztum, das ohne Mühe meinerseits wuchs und sich vergrößerte. Ich war geachtet von nahen Freunden und Bekannten, mehr als je zuvor, wurde von Fremden mit Lob überschüttet und konnte ohne besondere Selbsttäuschung sagen, mein Name sei berühmt. Zudem war ich nicht nur nicht gestört oder geistig krank - im Gegenteil, ich erfreute mich einer geistigen und körperlichen Kraft, wie ich sie selten bei meinen Altersgenossen gefunden habe: Körperlich konnte ich beim Mähen mit den Bauern um die Wette arbeiten; geistig konnte ich acht bis zehn Stunden ununterbrochen tätig sein, ohne die geringsten Folgen solcher Anstrengung zu spüren. Und in solcher Lage kam ich so weit, dass ich nicht leben konnte und bei aller Todesfurcht allerlei Kunstgriffe gegen mich selbst anwenden musste, um mir nicht das Leben zu nehmen.

Dieser Seelenzustand drückte sich für mich so aus: Dieses Leben ist nichts als ein dummer, böser Spaß, den sich jemand mit mir erlaubt hat. Obgleich ich einen »Jemand«, der mich erschaffen hätte, nicht anerkannte, war doch diese Form der Vorstellung, dass jemand sich mit mir einen bösen und dummen Spaß gemacht hätte, als er mich in die Welt setzte, mir die allernatürlichste Form der Vorstellung.

Unwillkürlich stellte ich mir vor, dass dort, irgendwo, irgendjemand ist, der jetzt spöttisch lacht, wenn er zusieht, wie ich volle dreißig bis vierzig Jahre gelebt habe, lernend, mich entwickelnd, an Körper und Geist wachsend, und wie ich jetzt, wo mein Verstand seine volle Reife erlangt hat und ich zu der Höhe des Lebens emporgestiegen bin, von der man es ganz überschaut, wie ich, ein Narr der Narren, auf diesem Gipfel stehe mit der klaren Erkenntnis, dass im Leben nichts ist, nichts war und nichts sein wird. »Und er lacht.«

Ob nun aber dieser Jemand ist oder nicht, der über mich lacht - das macht mir's nicht leichter. Ich konnte nicht einer einzigen Handlung in meinem ganzen Leben irgendeinen vernünftigen Sinn beimessen. Ich war nur darüber erstaunt, dass ich das nicht von Anfang an hatte begreifen können. All dies ist uns allen schon lange bekannt.

Heute oder morgen kommen Krankheit, Tod über die Menschen, die ich liebe, über mich (und sie waren auch schon gekommen), und nichts bleibt von ihnen übrig als Gestank und Gewürm. Meine Taten, sie mögen sein, wie sie wollen, werden früher oder später vergessen sein, und auch ich werde nicht sein. Wozu also all die Mühsal? Wie der Mensch dies nicht sehen kann und leben - das ist das Erstaunliche! Leben kann man nur, solange man vom Leben berauscht ist; sobald man emüchtert ist,.muss man sehen, dass all dies nur eine Täuschung ist, und eine dumme Täuschung! Da liegt's. Es ist nicht einmal etwas Komisches oder Witziges darin; es ist einfach grausam und dumm. Wer kennt nicht das morgenländische Märchen von dem Wanderer und dem reißenden Tier, das ihm in der Wüste begegnet. Um sich vor dem Raubtier zu retten, springt der Wanderer in einen wasserlosen Brunnen. Da sieht er auf dem Grund des Brunnens einen Drachen, der seinen Rachen auftut, um ihn zu verschlingen. Der Unglückliche, der es nicht wagt hinaufzuklettern, um nicht von dem reißenden Tier zerrissen zu werden, der aber auch nicht wagt, auf den Grund des Brunnens hinabzuspringen, um nicht von dem Drachen verschlungen zu werden, ergreift die Zweige eines Strauches, der in einer Felsspalte des Brunnens wächst, und hält sich daran fest. Seine Hände erschlaffen, und er fühlt, er würde in kurzer Zeit dem Verderben preisgegeben sein, das von beiden Seiten seiner wartet; aber er hält sich immer noch fest. Da sieht er, wie zwei Mäuse, eine schwarz und eine weiße, in gleichem Takt um den Stamm des Strauches, an dem er hängt, herumlaufen und ihn benagen. Einen Augenblick noch, und der Strauch muss sich losreißen und in den Rachen des Ungeheuers stürzen. Der Wanderer sieht das und weiß, dass er unrettbar verloren ist; aber solange er noch in der Luft schwebt, schaut er suchend umher. Er findet an den Blättern des Strauches Honigtropfen, er streckt die Zunge nach ihnen und leckt sie auf. - Ganz so halte ich mich an den Zweigen des Lebens, obwohl ich weiß, dass der Drachen des Todes unvermeidlich meiner harrt, bereit, mich zu zerfleischen, und ich kann es nicht begreifen, warum ich auf diese Qual verfallen bin. Und ich versuche, den Honig aufzusaugen, der mir bisher Trost gegeben hat; der Honig aber gewährt mir keine Freude mehr; die weiße und die schwarze Maus benagen Tag und Nacht den Zweig, an dem ich mich halte. Ich sehe deutlich den Drachen, und der Honig dünkt mich nicht mehr süß. Ich sehe nur das - den unvermeidlichen Drachen und die Mäuse -, und ich kann den Blick nicht von ihnen wenden. Und das ist kein Märchen, das ist reine, unwiderlegbare und jedermann begreifliche Wahrheit.

Die frühere Täuschung durch die Freuden des Lebens, die das Entsetzen vor dem Drachen betäubt hatte, täuscht mich nicht mehr. So oft man mir auch sagt: »Du kannst den Sinn des Lebens nicht erfassen, denke nicht, lebe« - ich kann das nicht, weil ich es nur allzu lange bis dahin getan habe. Jetzt kann ich nicht anders, als den Tag und die Nacht sehen, die vorübereilen und mich dem Tod entgegenführen. Ich sehe nur dieses eine, denn dieses eine ist - die Wahrheit. Alles Übrige ist Lüge.

Die beiden Tropfen Honig, die länger als die ändern meine Augen von der grausamen Wahrheit abgelenkt hatten, die Liebe zu meiner Familie und zu dem Schriftstellerberuf, den ich eine Kunst nannte, schienen mir nicht mehr süß.

»Die Familie«, sagte ich mir, »ja, die Familie, meine Frau, meine Kinder, sie sind auch Menschen; sie stehen unter den gleichen Lebensbedingungen wie ich: Sie müssen entweder in der Lüge leben oder die entsetzliche Wahrheit sehen. Wozu also sollen sie leben? Wozu soll ich sie lieben, schützen, erziehen, versorgen? Zu derselben Verzweiflung, die mich erfasst hat, oder zu stumpfem Dahinleben? Da ich sie liebe, kann ich ihnen die Wahrheit nicht verbergen, denn jeder Schritt in der Erkenntnis führt sie dieser Wahrheit näher. Die Wahrheit aber ist der Tod.«

Die Kunst, die Poesie ...Lange habe ich unter dem Einfluss des Erfolges und der Anerkennung der Menschen mich zu überreden gesucht, das sei eine Sache, der man sich widmen müsse, unbekümmert darum, dass einst der Tod kommt, der alles vernichtet - meine Werke und die Erinnerung an sie; bald aber sah ich, dass auch dies eine Täuschung war. Mir wurde klar, die Kunst ist eine Verschönerung des Lebens, eine Anlockung zum Leben. Das Leben aber hatte für mich seine Verlockung verloren, wie konnte ich also andere dazu verlocken? Solange ich nicht durch eigenes Leben lebte, sondern fremdes Leben mich auf seinen Wellen trug, solange ich glaubte, das Leben habe einen Sinn, wenn ich ihn auch nicht in Worte fassen konnte, gewährte mir jede Widerspiegelung des Lebens in Dichtung und Künsten Genuss. Mit Freuden sah ich das Leben in diesem Spiegel der Kunst; nachdem ich aber begonnen hatte, den Sinn des Lebens zu suchen, nachdem ich die Notwendigkeit des eigenen Lebens empfunden hatte, wurde für mich dieser Spiegel entweder unnötig, überflüssig und lächerlich oder qualvoll. Ich konnte nicht mehr Trost darin finden, dass ich im Spiegel sah, wie dumm und verzweifelt meine Lage war. Ich konnte wohl noch einen Genuss haben, als ich im Innersten der Seele davon überzeugt war, dass mein Leben einen Sinn habe. Da machte mir das Spiel der Lichter - des Komischen, Tragischen, Rührenden, Schönen, Entsetzlichen im Leben - Freude; nun aber, da ich wusste, dass das Leben sinnlos und entsetzlich sei, konnte mich das Spiel im Spiegel nicht mehr unterhalten. Keine Süßigkeit des Honigs konnte mir süß sein, nachdem ich den Drachen gesehen und die Mäuse, die an meinem Stützpunkt beständig nagten.

Aber nicht genug an dem. Wenn ich einfach begriffen hätte, dass das Leben keinen Sinn habe, so hätte ich das ruhig wissen können, ich hätte wissen können, dass dies mein Schicksal sei. Ich konnte mich aber dabei nicht beruhigen. Wäre ich gewesen wie ein Mensch, der in einem Wald lebt, aus dem es, wie er weiß, keinen Ausweg gibt, so hätte ich leben können; ich war aber wie ein Mensch, der sich im Wald verirrt hat und den ein Entsetzen überfallen hat, weil er sich verirrt hat, und der nun alle Anstrengungen macht, um wieder auf den richtigen Weg zu gelangen - er weiß, dass jeder Schritt ihn tiefer in die Wirrnis hineinführt, aber er kann es nicht lassen, seine Anstrengungen fortzusetzen.

Das war das Entsetzliche. Um mich von diesem Entsetzen zu befreien, wollte ich mich töten. Ich empfand Entsetzen vor dem, was mich erwartete; ich wusste, dass dieses Entsetzen entsetzlicher war als die Lage selbst, aber ich war nicht imstande, das Ende geduldig abzuwarten. So überzeugend auch der Gedanke war, dass, ob nun ein Gefäß im Herzen zerreißt oder sonst etwas zerspringt, alles einmal endet - ich konnte nicht geduldig das Ende abwarten. Das Entsetzen vor der Finsternis war zu groß, und ich wollte mich, je eher, desto besser, durch eine Schlinge oder eine Kugel von ihm befreien. Dieses Gefühl trieb mich übermächtig zum Selbstmord.

3. »Vielleicht aber habe ich etwas übersehen, etwas nicht verstanden?«, sagte ich mir ein ums andere Mal. [...]

Ich suchte in allen Wissenschaften. Nicht nur, dass ich nichts fand, ich kam sogar *zu* der Überzeugung, dass all diejenigen, die, so wie ich, im Wissen gesucht hatten, ebenso nichts gefunden haben. Und nicht bloß, dass sie nichts gefunden haben, sie haben sogar anerkannt, dass ebendas, was mich zur Verzweiflung geführt hatte - die Sinnlosigkeit des Lebens -, die einzige dem Menschen erreichbare sichere Erkenntnis sei. [...]

Meine Frage - die Frage, die mich im fünfzigsten Lebensjahr auf Selbstmordgedanken brachte, war die allereinfachste Frage, die in der Seele eines jeden Menschen ruht, vom dümmsten Kind bis zum weisesten Greis, die Frage, ohne die das Leben unmöglich ist, wie ich es tatsächlich an mir selbst erfuhr. Die Frage besteht in Folgendem: »Was wird das Ergebnis sein von dem, was ich heute tue, was ich morgen tun werde - was wird das Ergebnis meines ganzen Lebens sein?«

Anders ausgedrückt, lautet die Frage: »Wozu lebe ich? Wozu begehre ich? Wozu handle ich?« Noch anders kann man die Frage so ausdrücken: »Ist in meinem Leben ein Sinn, der nicht zunichte würde durch den unvermeidlichen, meiner harrenden Tod?« [...]

Ob der Philosoph die Ideen, die Substanz, den Geist, den Willen - das Wesen des Lebens nennt, das in mir und in allem Seienden ist, er sagt immer das eine, dass dies Wesen ist und dass ich ebendies Wesen sei; wozu es aber ist, das weiß er nicht und beantwortet er nicht, wenn er ein wahrhafter Denker ist. Ich frage: Wozu ist dieses Wesen? Was ergibt sich daraus, dass es ist und sein wird? ...Die Philosophie beantwortet dies nicht, ja, sie fragt sogar ebendies. Und ist sie wahre Philosophie, so besteht ihre ganze Arbeit eben nur darin, klar diese Frage zu stellen. Und hält sie sich streng an ihre Aufgabe, so kann sie auf die Frage »Was bin ich und was ist die ganze Welt?« nicht anders antworten als: Alles und nichts; und auf die Frage »Wozu?«: Ich weiß nicht.

Ich mag demnach diese spekulativen Antworten der Philosophie drehen und wenden wie ich will, ich erhalte nichts, was einer Antwort ähnlich sähe - und nicht etwa deshalb, weil die Antwort, wie in dem klaren Gebiet der Erfahrungswissenschaften, sich nicht auf meine Frage bezieht, sondern weil es hier, obwohl die ganze geistige Arbeit sich gerade auf meine Frage richtet, eine Antwort nicht gibt und weil man statt der Antwort die Frage zurückerhält, nur in noch komplizierterer Form.

4. [...] Auf dem Gebiet der Spekulation [...] begriff ich, dass es, obwohl oder gerade weil das Ziel dieses Wissens unmittelbar in der Beantwortung meiner Frage liegt, eine andere Antwort nicht gibt als die, die ich mir selbst gegeben hatte: »Was ist der Sinn meines Lebens?« - »Es hat keinen.« Oder: »Was kommt heraus bei meinem Leben?« - »Nichts.« Oder: »Wozu ist all das, was ist, und wozu bin ich?« - »Dazu, dass es sei.« Befragte ich die eine Gruppe menschlicher Wissenschaften, so bekam ich eine zahllose Menge bestimmter Antworten über etwas, wonach ich gar nicht gefragt hatte: über die chemische Zusammensetzung der Sterne, über die Bewegung der Sonne zum Sternbild des Herkules, über die Entstehung der Arten und des Menschen, über die Formen der unendlich kleinen, nicht wiegbaren Teilchen des Äthers; aber eine Antwort auf meine Frage »Worin besteht der Sinn meines Lebens?« war auf diesem Gebiet der Wissenschaft einzig die: »Du bist das, was du dein Leben nennst; du bist eine vorübergehende, zufällige Verkettung von Molekülen. Die gegenseitige Einwirkung, die Veränderung dieser Moleküle erzeugt in dir das, was du dein Leben nennst. Diese Verkettung dauert eine Zeit lang; dann hört die gegenseitige Einwirkung dieser Moleküle auf, und es hört das auf, was du dein Leben nennst; es hören auch alle deine Fragen auf. Du bist ein zufällig zusammengeballter Klumpen von irgendetwas. Das Klümpchen zersetzt sich. Diesen Zersetzungsprozess nennt das Klümpchen sein Leben. Das Klümpchen zerspringt - die Zersetzung hört auf und mit ihr alle Fragen.« So antwortet die klare Seite der Wissenschaften, und sie kann nichts anderes sagen, wenn sie streng ihren Prinzipien folgt.

Eine solche Antwort, das leuchtet ein, antwortet nicht auf die Frage. Ich habe das Bedürfnis, den Sinn meines Lebens zu erkennen. Dass ich weiß, es ist ein Teilchen des Unendlichen, gibt ihm nicht nur nicht einen Sinn, sondern vernichtet vielmehr jeden möglichen Sinn. [...]

»Das leibliche Leben ist ein Übel und eine Lüge. Darum ist die Vernichtung dieses leiblichen Lebens ein Glück, und wir müssen es wünschen«, sagt Sokrates.

»Das Leben ist, was es nicht sein sollte, ein Übel, und der Übergang ins Nichts ist das einzige Glück im Leben«, sagt Schopenhauer.

»Alles in der Welt, Torheit und Weisheit, Reichtum und Armut, Freude und Schmerz - alles ist eitel, alles ist nichtig. Der Mensch stirbt dahin und es bleibt nichts von ihm übrig; und das ist dumm«, sagt Salomo.

»Leben mit dem Bewusstsein der Unvermeidlichkeit der Leiden, der Entkräftung, des Alters und des Todes kann man nicht - man muss sich befreien vom Leben, von jeder Möglichkeit des Lebens«, sagt Buddha.

Und was diese mächtigen Geister gesagt haben, haben Millionen und Abermillionen Menschen ausgesprochen, gedacht und empfunden. Und ebenso denke, ebenso empfinde auch ich.

So hat denn mein Umherirren in den Wissenschaften mich nicht nur aus meiner Verzweiflung nicht hinausgeführt, es hat sie nur noch verstärkt. Die eine Wissenschaft hat auf die Frage des Lebens nicht geantwortet, die andere Wissenschaft hat direkt geantwortet, hat meine Verzweiflung bestätigt und mir gezeigt, dass das Ergebnis, zu dem ich gekommen bin, nicht die Frucht meiner Verirrung, eines krankhaften geistigen Zustandes sei - sie hat vielmehr bestätigt, dass ich richtig gedacht habe und zu den gleichen Schlüssen gekommen bin wie die mächtigsten Geister der Menschheit.

Es gibt keine Täuschung. Alles ist eitel. Glücklich, wer nicht geboren ist. Der Tod ist besser als das Leben; man muss sich von diesem befreien.

5. In der Wissenschaft hatte ich die Lösung nicht gefunden; ich begann nun diese Lösung im Leben zu suchen, in der Hoffnung, sie bei den Menschen zu finden, die mich umgaben. Und so fing ich an, die Menschen zu beobachten - Menschen meiner Art -, wie sie rings um mich leben und wie sie sich zu der Frage verhalten, die mich in Verzweiflung gestürzt hatte.

Und was fand ich bei den Menschen, die in Bildung und Lebensweise mir gleichen? Ich fand, dass die Menschen meines Kreises vier Auswege aus der entsetzlichen Lage haben, in der wir uns alle befinden. [...] So sehr ich meinen Geist anstrengte - einen fünften Ausweg neben diesen vieren sah ich nicht.

Der eine Ausweg ist: nicht begreifen, dass das Leben eine Sinnlosigkeit, eitel Werk und Übel sei und dass es besser sei, nicht zu leben. Es war mir nicht möglich, das nicht zu wissen; und nachdem ich es einmal erkannt hatte, konnte ich meine Augen nicht davor verschließen. Der zweite Ausweg ist: das Leben so hinnehmen, wie es ist, und nicht an die Zukunft denken. Auch das konnte ich nicht tun. Ich konnte wie Shakyamuni nicht zur Jagd fahren, während ich doch wusste, dass es Alter, Leiden, Tod gibt. Meine Phantasie war zu lebhaft; überdies konnte ich keine Freude haben an dem augenblicklichen Zufall, der für eine kurze Weile mir Lust geschenkt hat.

Der dritte Ausweg ist: seinem Leben, nachdem man erkannt hat, dass es ein Übel und eine Torheit ist, ein Ende zu machen, sich zu töten. Ich hatte das begriffen, aber ich machte aus irgendeinem Grund noch immer nicht den Versuch, mich zu töten. Der vierte Ausweg ist: zu leben in der Lage Salomos, Schopenhauers - zu wissen, dass das Leben ein törichter Scherz ist, der mit mir getrieben wird, und trotz alledem leben, sich waschen, kleiden, speisen, reden, ja selbst Bücher schreiben. Das war mir widerwärtig und qualvoll, und doch blieb ich in dieser Lage. [...]

Die ganze Menschheit aber, die das Leben lebt, Millionen, sie zweifeln nicht an dem Sinn des Lebens.

In Wirklichkeit haben seit grauester Vorzeit, seitdem es Leben gibt, von dem ich irgendetwas weiß, Menschen gelebt, die diese Betrachtungen über die Eitelkeit des Lebens kannten, die mir seine Sinnlosigkeit bewiesen haben, und sie haben dennoch gelebt und dem Leben einen Sinn beigemessen. Von der Zeit an, da ein Leben der Menschen begonnen hat, besaßen sie diesen Lebenssinn; und sie haben dieses Leben gelebt, das bis zu mir herab führt. Alles, was in mir und rund um mich her ist, alles Körperliche und Nichtkörperliche, all dies ist die Frucht ihrer Erkenntnis des Lebens. Die Werkzeuge meines Geistes selbst, mit denen ich dieses Leben beurteile und verurteile, all dies ist nicht von mir, sondern von ihnen hervorgebracht. Ich selbst bin geboren, erzogen, erwachsen - dank ihrer. Sie haben das Eisen verarbeitet; sie haben den Wald auszuroden gelehrt; sie haben Kühe und Pferde gezähmt; sie haben säen gelehrt; sie haben zusammenzuleben gelehrt; sie haben unser Leben in feste Formen gebracht; sie haben mich denken, sprechen gelehrt. [Und ich, ihr Erzeugnis, von ihnen genährt und getränkt, von ihnen belehrt und mit ihren Gedanken und Worten denkend - beweise ihnen, dass sie eine Sinnlosigkeit sind! Hier ist irgendetwas nicht, wie es sein soll, sagte ich mir. Irgendwo habe ich einen Irrtum begangen. Worin dieser Irrtum bestand, das vermochte ich nicht zu finden.

6. [...] Die Erkenntnis durch die Vernunft, wie sie die Gelehrten und Weisen vertreten, leugnet den Sinn des Lebens. Die ungeheuren Massen der Menschen aber, die gesamte Menschheit erkennt diesen Sinn an in einer nicht auf Vernunft gegründeten Erkenntnis. Und diese nicht auf Vernunft gegründete Erkenntnis ist der Glaube, ebender Glaube, den ich durchaus ablehnen musste. Es ist der Glaube an den einigen und dreieinigen Gott, an die Erschaffung der Welt in sechs Tagen, an Teufel und Engel und all das, was ich nicht anerkennen kann, solange ich nicht meinen Verstand verloren habe.

Meine Lage war entsetzlich. Ich wusste, dass ich auf dem Weg der vernünftigen Erkenntnis nichts anderes finden würde als die Verleugnung des Lebens und im Glauben andererseits nichts als die Verleugnung der Vernunft, die noch weniger möglich ist als die Verleugnung des Lebens. Aus der vernünftigen Erkenntnis folgte: Das Leben ist ein Übel, und die Menschen wissen das. Von den Menschen hängt es ab, nicht zu leben, und doch haben sie gelebt und leben. Ich selbst lebte, obwohl ich schon lange wusste, dass das Leben etwas Sinnloses, dass es ein Übel ist. Aus dem Glauben folgte: Um den Sinn des Lebens zu begreifen, müsste ich mich von der Vernunft lossagen, von ebender, die ohne diesen Sinn nicht sein kann. [...]

Da ich das begriffen hatte, begriff ich auch, dass man in der vernünftigen Erkenntnis die Antwort auf meine Frage nicht suchen dürfe und dass die Antwort, die von der vernünftigen Erkenntnis gegeben wird, nur darauf hinweist, dass man eine Antwort nur erhalten kann, wenn man die Frage anders stellt; nur dann, wenn man in die Betrachtung die Frage der Beziehung des Endlichen zum Unendlichen einführt.

Ich begriff auch, dass die Antworten, die der Glaube gibt, so unvernünftig und ungeheuerlich sie sein mögen, den Vorzug haben, dass sie in jede Antwort das Verhältnis des Endlichen zum Unendlichen einführen, ohne das es eine Antwort nicht geben kann.

Wie ich auch die Frage »Wie soll ich leben?« stellen mag, die Antwort lautet: »Nach dem Gesetz Gottes.« - »Was wird bei meinem gegenwärtigen Leben herauskommen?« -»Ewige Qual oder ewige Seligkeit.« - »Welches ist sein Sinn, den der Tod nicht vernichtet?« - »Die Vereinigung mit dem unendlichen Gott, das Paradies.«

So wurde ich zwingend dahin gebracht anzuerkennen, dass neben der vernünftigen Erkenntnis, die mir bis dahin als die einzige galt, die ganze lebende Menschheit noch eine andere vernunftlose Erkenntnis hat - den Glauben, der die Möglichkeit gibt zu leben.

Die ganze Vernunftlosigkeit des Glaubens blieb für mich dieselbe wie bisher; aber ich war gezwungen anzuerkennen, dass sie allein der Menschheit auf die Fragen des Lebens antwortet und infolgedessen die Möglichkeit zu leben gibt. [...]

Welche Antworten auch der Glaube geben mag, wem er sie geben mag, und welcher Glaube es sei: Jede Antwort des Glaubens verleiht dem endlichen Dasein des Menschen den Sinn des Unendlichen - einen Sinn, der nicht durch Leiden, nicht durch Entbehrungen, nicht durch den Tod vernichtet wird. Das will sagen - im Glauben allein kann man den Sinn und die Möglichkeit des Lebens finden. Was ist aber dieser Glaube? Und ich begriff: Der Glaube ist nicht nur »die Enthüllung der unsichtbaren Dinge« und so weiter, ist nicht die Offenbarung (das ist nur die Schilderung eines der Merkmale des Glaubens), ist nicht das Verhältnis des Menschen zu Gott (man muss erst den Glauben und dann Gott definieren und nicht durch Gott den Glauben), ist nicht nur die Zustimmung zu dem, was dem Menschen gesagt worden ist, wie der Glaube meist aufgefasst wird - der Glaube ist die Erkenntnis des Sinnes des menschlichen Lebens, kraft dessen der Mensch sich nicht vernichtet, sondern lebt.

Der Glaube ist die Kraft des Lebens. Wenn der Mensch lebt, so glaubt er auch an irgendetwas. Würde er nicht glauben, dass etwas ihm zu leben gebietet, so würde er nicht leben. [...]

7. [...] Mir wurde klar, dass ich mich verirrt und wie ich mich verirrt hatte. Ich hatte mich verirrt, nicht so sehr, weil ich nicht folgerichtig gedacht hatte als vielmehr, weil ich schlecht gelebt hatte.

Mir wurde klar, dass weniger ein Irrtum im Denken mir die Wahrheit verhüllt hatte, als vielmehr mein in den Ausnahmebedingungen des Epikureismus zugebrachtes Leben selbst, das allen Lüsten Befriedigung gewährt. Mir wurde klar, dass meine Frage »Was ist mein Leben?« und die Antwort »Ein Übel« vollkommen richtig waren. Unrichtig war nur, dass ich die Antwort, die sich nur auf mich bezog, auf das Leben im Allgemeinen übertrug.

Ich hatte die Frage gestellt: »Was ist mein Leben?«, und hatte die Antwort bekommen: »Ein Übel und eine Sinnlosigkeit.« Gewiss, mein Leben - der Wollust hingegeben - war sinnlos und schlecht; und darum bezog sich die Antwort »Das Leben ist schlecht und sinnlos« nur auf mein Leben und nicht auf das menschliche Leben im Allgemeinen. [...]

Wie, wenn ein Henker, der sein Leben mit Foltern und Kopfabschlagen verbringt, oder ein gänzlich verkommener Trunkenbold oder ein Wahnsinniger, der für das ganze Leben in ein dunkles Zimmer gesperrt ist, der dieses Zimmer beschmutzt und in dem Wahn lebt, er müsse zugrunde gehen, wenn er es verlasse - wie, wenn ein solcher sich die Frage vorlegte: »Was ist das Leben?« - Es ist klar, er könnte auf diese Frage keine andere Antwort bekommen als die: »Das Leben ist das größte Übel«, und die Antwort des Wahnsinnigen wäre vollkommen richtig, aber nur für ihn allein. Wie, wenn ich ein solcher Wahnsinniger wäre, wie, wenn wir alle, wir Reichen und Gebildeten, solche Wahnsinnigen wären?... Und ich begriff, dass wir wirklich solche Wahnsinnigen sind. Ich war sicherlich ein solcher Wahnsinniger. Und in der Tat, der Vogel unterliegt solchen Lebensbedingungen, dass er fliegen, Nahrung sammeln, ein Nest bauen muss; und wenn ich sehe, dass der Vogel dies tut, freue ich mich an seiner Freude. Die Ziege, der Hase, der Wolf unterliegen solchen Lebensbedingungen, dass sie sich ernähren, vermehren, ihre Nachkommenschaft ernähren müssen; und wenn sie dies tun, so bin ich gewiss, dass sie glücklich sind, dass ihr Leben vernünftig ist. Was aber muss der Mensch tun? - Er muss sich das Leben ganz so erringen wie die Tiere, mit dem einen Unterschied, dass er zugrunde geht, wenn er allein es erringen will; er muss es erringen nicht für sich, sondern für alle. Und wenn er dies tut, so bin ich gewiss, dass er glücklich ist und dass sein Leben vernünftig ist. Was aber habe ich getan während meines ganzen dreißigjährigen bewussten Lebens? - Ich hatte nicht nur kein Leben für alle zu erringen versucht, nicht einmal für mich selbst hatte ich es errungen. Ich habe als Parasit gelebt, und wenn ich mich fragte, wozu ich lebe, bekam ich die Antwort: zwecklos. Wenn der Sinn des menschlichen Lebens darin besteht, es zu erringen, wie hätte ich, der ich dreißig Jahre mich damit beschäftigt hatte, das Leben nicht zu erringen, sondern in mir und anderen zu vernichten, eine andere Antwort bekommen können als die: Mein Leben ist eine Sinnlosigkeit und ein Übel?... Und es war auch eine Sinnlosigkeit und ein Übel.

8. [...] Ich begriff, dass ich, wenn ich das Leben und seinen Sinn begreifen will, nicht das Leben eines Parasiten leben müsste, sondern das wahre Leben, und dass ich, nachdem ich den Sinn, den ihm die wahre Menschheit gibt, erkannt hatte, mit diesem Leben eins werden und es prüfen müsse. [...]

Ich brauchte nur an Gott zu denken, und ich lebte auf; ich brauchte ihn nur zu vergessen, nicht an ihn zu glauben, und das Leben schwand. Was ist nun dieser Zustand der Wiederkehr des Lebens und des Hinsterbens? Ich lebe ja nicht, wenn ich den Glauben an das Dasein Gottes verliere; ich hätte ja längst meinem Leben ein Ende gemacht, wenn ich nicht die dunkle Hoffnung hätte, ihn zu finden. Ich lebe doch, wirklich lebe ich doch nur dann, wenn ich ihn fühle und ihn suche. Warum also suche ich noch?, rief eine Stimme in meinem Innern. Er ist also. Er ist das, ohne das man nicht leben kann. Um Gott wissen und leben ist ein und dasselbe. Gott ist das Leben.

Lebe, indem du Gott suchst, dann gibt es kein Leben ohne Gott. Und stärker denn je wurde alles licht in mir und um mich her, und dieses Licht verließ mich nicht mehr.

9. [. . .] Und so erstand die Kraft des Lebens von neuem in mir, und ich begann wieder zu leben.

Ich sagte mich los von dem Leben unserer Kreise, da ich erkannt hatte, dass dies nicht das Leben, sondern nur ein Scheinbild des Lebens ist, dass die Bedingungen des Überflusses, in dem wir leben, uns der Möglichkeit berauben, das Leben zu begreifen und dass ich, um das Leben zu begreifen, nicht das Leben der Ausnahmen, unser, der Parasiten, Leben begreifen müsse, sondern das Leben des einfachen arbeitenden Volkes - des Volkes, das das Leben schafft, und den Sinn, den es ihm gibt. [...]

Mein Verhältnis zum Glauben jetzt und früher war durchaus verschieden. Früher war mir das Leben selbst von Sinn erfüllt erschienen und der Glaube als eine willkürliche Behauptung gewisser mir vollkommen überflüssiger, unvernünftiger, vom Leben losgelöster Thesen. Ich fragte mich damals, welchen Sinn diese Sätze haben können, und nachdem ich mich überzeugt hatte, dass sie keinen haben, verwarf ich sie. Jetzt dagegen wusste ich bestimmt, dass mein Leben keinerlei Sinn hat und haben kann, und die Glaubenssätze erschienen mir nicht nur nicht unnütz, ich war vielmehr durch unzweifelhafte Erfahrung zu der Überzeugung gekommen, dass nur diese Glaubenssätze dem Leben Sinn geben.

I.

Brief an die Frau Baronin Rosen.

Folgende drei Fragen haben Sie, gnädige Frau, an mich gerichtet:

1. Sollen auch geistig nicht besonders Begabte einen Ausdruck in Worten für die von ihnen erkannten Wahrheiten des inneren Lebens suchen?
2. Soll man in seinem inneren Leben nach voller Erkenntnis streben?
3. Wonach sollen wir uns in Augenblicken des Kampfes und des Schwankens richten, um zu erfahren, ob in unserem Inneren wirklich unser Gewissen spricht oder unser Verstand, der in unserer Schwachheit befangen ist?

Die dritte Frage habe ich der Kürze wegen in anderen Worten ausgedrückt, glaube aber, deren Sinn getroffen zu haben.

Diese drei Fragen stießen nach meiner Ansicht zu einer einzigen zusammen, – der zweiten, denn wenn man nicht nach voller Erkenntnis seines inneren Lebens streben soll, so ist es unnötig und unmöglich, die von uns erkannten Wahrheiten in Worten auszudrücken, und man hat nichts, woran man sich in Augenblicken des Schwankens halten könnte, um zu erfahren, ob in uns das Gewissen spricht oder der trügerische Verstand. Wenn man aber nach der höchsten dem menschlichen Verstand (welcher Art auch dieser Verstand sein mag) zugänglichen Erkenntnis streben soll, so sollen wir auch die von uns erkannten Wahrheiten in Worten ausdrücken, und eben an diese bis zur vollen Erkenntnis gebrachten und ausgesprochenen Wahrheiten sollen wir uns halten in Augenblicken des Kampfes und des Schwankens. Und deshalb habe ich Ihre zweite und Grundfrage bejahend zu beantworten, nämlich daß jeder Mensch zur Erfüllung seiner Bestimmung auf Erden und zur Erreichung des wahren Glücks (was immer zusammenfällt) immer alle seine Geisteskräfte darauf richten soll, sich selbst jene religiösen Grundlagen, durch die er lebt, das heißt den Sinn des Lebens, klarzustellen.

Unter ungebildeten Arbeitern, welche Erde ausgruben und dabei kubische Maße auszurechnen hatten, habe ich oft die weit verbreitete Ansicht getroffen, die mathematische Berechnung sei trügerisch und man dürfe ihr nicht trauen. Vielleicht deshalb, weil sie die Mathematik nicht kennen, oder weil die Leute, welche mathematische Berechnungen für sie machten, sie absichtlich oder unabsichtlich oft betrogen haben, hat sich bei ihnen die Überzeugung festgesetzt, die Mathematik sei unglaubwürdig und untauglich zur Bestimmung der Maße und ist für die Mehrzahl der ungebildeten Erdarbeiter zu einer unzweifelhaften Wahrheit geworden, für welche jeder Beweis überflüssig sei. Eine ähnliche Ansicht hat sich bei Menschen festgesetzt, die ich offen irreligiös nenne, – nämlich die Ansicht, der Verstand könne religiöse Fragen nicht lösen, die Anwendung des Verstandes auf solche Fragen sei eine Hauptursache von Irrtümern – der Versuch, religiöse Fragen durch den Verstand zu lösen, sei frevelhafter Hochmut. Ich sage das deshalb, weil der in Ihren Fragen liegende Zweifel daran, ob man nach Erkenntnis in seinen religiösen Überzeugungen streben solle, nur auf der Voraussetzung beruhen kann, daß der Verstand zur Lösung religiöser Fragen nicht angewendet werden könne. Eine solche Voraussetzung ist aber ebenso sonderbar und offenbar falsch, wie die Meinung, mathematische Probleme können nicht durch Ausrechnung gelöst werden.

Dem Menschen ist direkt von Gott nur ein Werkzeug der Erkenntnis seiner selbst und seiner Beziehungen zur Welt gegeben worden – und kein anderes – und dieses Werkzeug ist der Verstand. Und nun sagt man ihm, er könne den Verstand zur Lösung der Fragen anwenden, welche das Haus, die Familie, die Wirtschaft, die Politik, die Wissenschaften, die Kunst betreffen, nur nicht zur Aufklärung dessen, wofür er ihm eben verliehen wurde, und zur Klarstellung der wichtigsten Wahrheiten, von deren Erkenntnis sein ganzes Leben abhängt, dürfe der Mensch durchaus nicht den Verstand anwenden, sondern er müsse diese Wahrheiten mit Umgehung des Verstandes begreifen, während der Mensch mit Umgehung des Verstandes doch überhaupt nichts begreifen kann. Man sagt ihm: »Erkenne die Offenbarung des Glaubens.« Aber auch glauben kann der Mensch nicht mit Umgehung des Verstandes. Wenn der Mensch dieses glaubt und jenes nicht, so thut er dies nur deshalb, weil ihm der Verstand sagt, an dieses müsse man glauben, an jenes nicht. Die Behauptung, der Mensch dürfe sich nicht von seinem Verstand leiten lassen, ist ebenso unsinnig, als wollte man einem Menschen in einer unterirdischen Höhle, der eine Lampe trägt, raten, um aus der Höhle den Ausweg zu finden, müsse er die Lampe auslöschen und sich nicht vom Licht, sondern von etwas anderem leiten lassen.

Aber vielleicht wird man einwenden, wie auch Sie in Ihrem Brief sagen, daß nicht alle Menschen mit großem Verstand und der besonderen Fähigkeit begabt seien, ihren Gedanken Ausdruck zu geben und daß der ungeschickte Ausdruck der Gedanken über die Religion Irrtümer hervorrufen könne. Darauf antworte ich mit den Worten des Evangeliums: »Was den Weisen verborgen ist, das ist den Kindern offenbar.« Und dieser Ausspruch ist keine Übertreibung und kein Paradox, als welche man gewöhnlich solche Aussprüche des Evangeliums ansieht, welche uns nicht gefallen, sondern das ist eine Bestätigung der einfachsten, unzweifelhaften Wahrheit, daß jedem Wesen in der Welt ein Gesetz gegeben ist, das dieses Wesen befolgen soll, und daß zur Erkenntnis dieses Gesetzes jedem Wesen dazu dienliche Organe gegeben sind. Und darum ist jeder Mensch mit Verstand begabt, und in diesem Verstand wird jedem Menschen das Gesetz, das er befolgen soll, geoffenbart. Verborgen ist dieses Gesetz nur solchen Menschen, welche es nicht befolgen wollen, und um das Gesetz nicht zu befolgen, sich vom Verstand lossagen, und anstatt zur Erkenntnis der Wahrheit sich des ihnen gegebenen Verstandes zu bedienen, den Anweisungen ebensolcher Menschen, wie sie selbst sind, folgen, welche sich vom Verstand losgesagt haben.

Das Gesetz aber, das der Mensch beobachten soll, ist so einfach, daß es jedem Kind verständlich ist, um so mehr, als der Mensch nicht nötig hat, das Gesetz seines Lebens selbst aufs neue zu entdecken. Menschen, welche vor ihm lebten, haben es entdeckt und ausgesprochen, und der Mensch hat nur nötig, es mit seinem Verstand zu prüfen, die Grundsätze anzunehmen oder nicht anzunehmen, welche er in der Überlieferung ausgesprochen findet, das heißt nicht so, wie es Menschen anraten, welche das Gesetz nicht befolgen wollen, durch die Überlieferung den Verstand zu prüfen, sondern im Gegenteil durch den Verstand die Überlieferung.

Die Überlieferungen können von Menschen kommen und falsch sein, der Verstand aber kommt sicherlich direkt von Gott und kann nicht falsch sein.

Und darum sind zur Erkenntnis und zum Ausdruck der Wahrheit keine besonderen, hervorragenden Fähigkeiten erforderlich, – man muß nur daran glauben, daß der Verstand nicht nur die höchste göttliche Eigenheit des Menschen ist, sondern auch das einzige Werkzeug zur Erkenntnis der Wahrheit.

Eine besondere geistige Begabung ist meist nicht zur Erkenntnis und Klarstellung der Wahrheit nötig, sondern zur Überlegung und Klarstellung der Irrtümer.

Wenn die Menschen einmal von den Weisungen des Verstandes abgewichen sind, ihm nicht vertrauten, sondern aufs Wort glaubten, was für Wahrheit ausgegeben wird, beginnen sie, solche falsche, unnatürliche und widerspruchsvolle Lehrsätze aufzuhäufen und gläubig anzunehmen, – gewöhnlich in Gestalt von Gesetzen, Offenbarungen, Dogmen, daß es wirklich großen Scharfsinns und besonderer Begabung bedarf, um sie auszulegen und mit dem Leben in Einklang zu bringen. Man stelle sich nur einmal einen Menschen unserer Welt vor, der in den religiösen Grundsätzen irgend einer christlichen Konfession – der katholischen, rechtgläubigen, protestantischen, erzogen wurde und nun danach strebt, die ihm von Kindheit auf eingeflößten religiösen Grundsätze sich selbst klar zu machen. Welche komplizierte geistige Arbeit muß er vollbringen, um alle Widersprüche zu versöhnen, die er in dem ihm von Jugend auf anerzogenen Bekenntnis vorfindet! Gott der Schöpfer hat durch das Heil auch das Böse erschaffen, straft die Menschen am Leben und verlangt Loskaufung u.s.w. Und wir, die wir uns zum Gesetz der Nächstenliebe und Vergebung bekennen, haben die Todesstrafe beibehalten, wir führen Krieg, nehmen den Armen ihre Habe u.s.w. u.s.w.

So ist zur Entwirrung dieser unlöslichen Widersprüche, oder vielmehr um sie uns selbst offenbar zu machen, wirklich viel Geist und besondere Begabung erforderlich. Um aber das Gesetz unseres Lebens kennen zu lernen, oder, wie Sie es ausdrücken, um unseren Glauben zum vollen Bewußtsein zu entwickeln, sind keinerlei besondere Geistesgaben erforderlich – es genügt, nichts zuzugeben, was dem Verstand widerspricht, den Verstand nicht zu verleugnen, denselben sorgfältig zu hüten und nur ihm zu glauben.

Wenn der Sinn des Lebens ihm unklar erscheint, so beweist das nicht, daß der Verstand zur Klarstellung dieses Sinnes nicht geeignet sei, sondern nur, daß schon zu viel Unvernünftiges geglaubt wird und daß man alles das wegwerfen muß, was nicht vom Verstand bestätigt wird.

Und darum kann meine Antwort auf Ihre Grundfrage – ob man nach voller Erkenntnis in seinem inneren Leben streben soll – nur so lauten, daß das die notwendigste und wichtigste Sache ist, die wir in unserem Leben vollbringen können. Notwendig und wichtig ist sie deshalb, weil der einzige vernünftige Sinn unseres Lebens in der Erfüllung des Willens dessen besteht, der uns in dieses Leben gesandt hat. Den Willen Gottes aber erkennt man nicht durch irgend ein Wunder, wie die Niederschrift des Gesetzes auf Steintafeln durch den Finger Gottes oder die Abfassung – eines unfehlbaren Buchs durch den heiligen Geist, oder die Unfehlbarkeit irgend einer heiligen Person oder einer Versammlung von Menschen, sondern nur durch die geistige Thätigkeit aller Menschen, welche einander durch Wort und That ihre sich immer mehr aufklärende Erkenntnis der Wahrheit überliefern.

Diese Erkenntnis ist niemals vollständig gewesen, noch wird sie es sein, vergrößert sich aber beständig in dem Maße, wie das Leben der Menschheit fortschreitet: je länger wir leben, desto klarer und vollständiger erkennen wir den Willen Gottes und folglich auch das, was wir thun sollen, um ihn zu erfüllen.

Und darum glaube ich, daß es Aufgabe eines jeden Menschen ist (so unbedeutend er uns auch erscheinen mag, denn auch Kleine sind zuweilen groß), an der Aufklärung aller jener religiösen Wahrheiten, die ihm zugänglich sind, mitzuarbeiten, sowie an dem Ausdruck derselben in Worten (da der Ausdruck in Worten das einzige unzweifelhafte Anzeichen für die volle Klarheit des Gedankens ist), und daß dies eine der wichtigsten und heiligsten Pflichten jedes Menschen ist.

26. November 1894.
L. Tolstoi.

II.

Brief an die Redaktion der Londoner Zeitung » *Daily Chronicle*«.

Seit dem Erscheinen meines Buches »Das Reich Gottes ist in Euch« und meiner Broschüre »Christentum und Vaterlandsliebe« habe ich oft in Abhandlungen und Briefen Erwiderungen gelesen, welche nicht gerade gegen meine Gedanken, aber gegen eine falsche Auslegung derselben gerichtet sind. Dies geschieht oft bewußt, oft unbewußt nur aus Unkenntnis des Geistes der christlichen Lehre.

»Das ist alles wahr,« sagt man mir, »der Despotismus, die Todesstrafe, die Bewaffnung von ganz Europa, die unterdrückte Lage der Arbeiter, die Kriege, – alles das sind große Übel und Sie haben recht, wenn Sie die jetzige Ordnung der Dinge verurteilen. Aber wie soll man ohne Regierungen auskommen? Welches Recht haben wir Menschen mit beschränkter Erkenntnis und Vernunft, die bestehende Ordnung der Dinge umzustürzen, nur weil wir dies für besser halten, durch welche unsere Vorfahren die jetzige hohe Stufe der Civilisation mit allen ihren Wohlthaten erreicht haben? Wenn wir den Staat vernichten, so müssen wir etwas anderes an seine Stelle setzen. Wenn aber nicht, wie sollen wir dann jene schrecklichen Übel riskieren, welche unvermeidlich entstehen müssen, wenn der Staat vernichtet wird?«

Aber die Wahrheit ist, daß die christliche Lehre in ihrem wahren Sinne niemals vorgeschlagen hat, noch vorschlägt, irgend etwas zu zerstören, und niemals irgend eine neue Institution als Ersatz der früheren vorgeschlagen hat, noch vorschlägt. Die christliche Lehre unterscheidet sich dadurch von allen anderen religiösen und gesellschaftlichen Lehren, daß sie den Menschen das Heil nicht vermittelst allgemeiner Gesetze für das Leben aller Menschen bietet, sondern dadurch, daß sie jedem Menschen einzeln den Sinn seines Lebens klar macht, indem sie ihm zeigt, worin das Übel und worin das wahre Wohl seines Lebens besteht. Und dieser Sinn des Lebens, wie er dem Menschen durch die christliche Lehre geoffenbart wird, ist in solchem Grade klar, überzeugend und unzweifelhaft, daß der Mensch, wenn er ihn einmal begriffen und daher erkannt hat, worin das Übel und worin das Heil seines Lebens besteht, durchaus nicht imstande ist, das zu thun, worin er das Übel seines Lebens erblickt, und das zu unterlassen, worin er das wahre Heil desselben sieht, ganz ebenso, wie das Wasser nicht anders kann, als abwärts zu fließen, und die Pflanze nicht anders, als nach dem Licht zu streben.

Der Sinn des Lebens aber, wie er dem Christen geoffenbart ist, besteht darin, den Willen dessen zu erfüllen, der uns in diese Welt gesandt hat und zu dem wir einst zurückkehren, wenn wir sie verlassen.

Das Übel unseres Lebens besteht also nur in der Abwendung von diesem Willen und das Heil nur in der Erfüllung der Forderungen dieses Willens, welche so einfach und so klar sind, daß es ebenso unmöglich ist, sie nicht zu begreifen, als sie falsch auszulegen. Wenn Du nicht thun kannst, was Du nicht willst, daß man Dir thue, so thue wenigstens auch einem andern nicht, was Du nicht willst, daß man Dir thue. Du willst nicht, daß man Dich nötigt, zehn Stunden täglich in Fabriken oder Bergwerken zu arbeiten, Du willst nicht, daß Deine Kinder hungern, frieren, unwissend bleiben, Du willst nicht, daß man Dir das Land wegnehme, auf dem Du Dich ernähren könntest, Du willst nicht, daß man Dich ins Gefängnis werfe oder aufhänge dafür, daß Du in der Leidenschaft, infolge von Verführung oder Unwissenheit eine ungesetzliche Handlung begangen hast, Du willst nicht, daß man Dich im Krieg verwunde oder töte, – also thue das alles auch andern nicht.

Alles das ist so einfach, klar und zweifellos, daß ein kleines Kind es verstehen muß und keinerlei Sophismen es umstürzen können.

Stellen wir uns vor, daß ein Arbeiter, der sich ganz in der Gewalt seines Herrn befindet, zu einer ihm bekannten und angenehmen Arbeit angestellt sei, und nun plötzlich andere zu ihm kommen, welche, wie er weiß, sich in derselben Abhängigkeit von seinem Herrn befinden, wie er selbst und welchen dieselbe Arbeitsleistung, wie ihm, übertragen wurde und anstatt die ihnen befohlene Arbeit auszuführen, von dem Arbeiter verlangen, das Gegenteil von dem zu thun, was ihm klar und unzweifelhaft vom Herrn befohlen wurde. Was wird jeder vernünftige Arbeiter auf ein solches Verlangen antworten?

Aber dieser Vergleich drückt noch lange nicht das aus, was ein Christ empfinden muß, an den man das Verlangen stellt, an der Unterdrückung, dem Landraub, an Hinrichtungen, Kriegen u.s.w. teilzunehmen, wie dies die Staatsgewalt von uns verlangt; denn so bestimmt auch die Befehle des Herrn für den Arbeiter sein mögen, so kommen sie doch niemals jenem unzweifelhaften Bewußtsein jedes nicht durch falsche Lehren verwirrten Menschen gleich, daß er nicht andern das zufügen soll, was er selbst nicht wünscht, daß ihm angethan werde, und daß er daher nicht teilnehmen soll an Gewaltthaten, Steuererhebungen, Hinrichtungen, an der Ermordung seines Nächsten, was alles die Regierung von ihm verlangt. Für den Christen fragt es sich also nicht, wie die Verteidiger des Staates unabsichtlich, zuweilen aber absichtlich die Frage stellen: ob der Mensch das Recht habe, die bestehende Ordnung umzustürzen und durch eine andere zu ersetzen (der Christ denkt nicht einmal an diese allgemeine Ordnung, überläßt die Leitung derselben Gott, fest überzeugt, daß Gott sein Gesetz nicht der Unordnung, sondern der Ordnung wegen in unsern Verstand und unser Herz gelegt hat und daß aus der Befolgung des uns geoffenbarten unzweifelhaften Gesetzes Gottes nur Gutes hervorgehen kann). Die unvermeidliche Frage nicht nur für jeden Christen, sondern für jeden Menschen überhaupt lautet vielmehr: Wie soll ich mich verhalten bei der beständig an mich herantretenden Wahl: Soll ich im Widerspruch mit meinem Gewissen für die Regierung wirken, welche das Recht auf den Landbesitz Menschen zuerkennt, die es nicht bearbeiten, welche Abgaben von den Armen nimmt, um sie den Reichen zu geben, welche irrende Menschen in die Verbannung und zur Zwangsarbeit schickt und aufhängt, welche die Soldaten zum Mord antreibt, die Völker durch Opium und Branntwein demoralisiert, u. s. w., – oder soll ich, meinem Gewissen folgend, nicht an den Thaten der Regierung teilnehmen, welche meinem Bewußtsein widersprechen? Was aber daraus folgt, was aus dem Staat wird, wenn ich in dem einen oder dem anderen Sinn entscheide, das will und kann ich nicht wissen.

Darin liegt die Kraft der christlichen Lehre, daß sie die Fragen des Lebens aus dem Gebiet der ewigen Zweifel auf den Boden der Zweifellosigkeit überführt.

Aber man sagt: »Auch wir leugnen nicht die Notwendigkeit, die bestehende Ordnung der Dinge abzuändern, und wünschen auch, sie zu verbessern. Aber nicht durch die Weigerung, an der Regierung, an der Justiz, am Heer teilzunehmen, noch durch die Vernichtung des Staates wollen wir die Besserung herbeiführen, sondern im Gegenteil durch die Teilnahme an der Regierung, durch Erwerbung von Freiheit und Rechten, durch die Wahl von wahren Volksfreunden und Gegnern des Krieges und jeder Gewaltthat zu Vertretern.« Alles das wäre sehr gut, wenn die Mitwirkung zur Verbesserung der Regierungsform mit dem Zweck des menschlichen Lebens identisch wäre. Unglücklicherweise aber sind beide nicht nur nicht identisch, sondern widersprechen einander sogar.

Denn wenn das menschliche Leben auf diese Welt beschränkt ist, so liegt sein Zweck oder Ziel bedeutend näher, als in der allmählichen Vervollkommnung der Regierung, – es liegt in dem persönlichen Wohl. Wenn aber das Leben nicht mit dem Dasein auf dieser Welt zu Ende geht, so ist der Zweck, das Ziel ein viel ferneres, größeres, es liegt in der Erfüllung des Willens Gottes. Ist das Ziel mein persönliches Wohl und endigt das Leben hier, – was geht mich dann die zukünftige langsame Verbesserung des Staates an, welche aller Wahrscheinlichkeit nach erst zu einer Zeit eintritt, wo ich nicht mehr bin? Wenn aber mein Leben unsterblich ist, so ist das Ziel der Verbesserung des englischen, deutschen, russischen, oder irgend eines Staates im zwanzigsten Jahrhundert zu klein für mich und kann die Anforderungen meiner unsterblichen Seele keineswegs befriedigen. Ein genügender Zweck für mein Leben kann demnach nur sein entweder mein sofortiges Wohlbefinden, das keineswegs zusammenfällt mit staatlicher Thätigkeit in Bezug auf Abgaben, Justiz, Krieg, oder die ewige Rettung meiner Seele, welche nur durch die Erfüllung des Willens Gottes zu erlangen ist. Dieser Wille aber fällt gleichfalls nicht zusammen mit dem Verlangen nach Gewaltthat, Hinrichtungen, Krieg der bestehenden Ordnung.

Und darum wiederhole ich: Nicht nur für jeden Christen, sondern auch für jeden Menschen unserer Zeit liegt die Frage nicht darin: »Welches Gemeinwesen wird gesicherter sein, dasjenige, welches durch Gewehre, Kanonen und Galgen geschützt wird, oder das, welches nicht durch diese Schutzmittel behütet wird?« Die Frage ist vielmehr für alle Menschen eine und dieselbe und man kann ihr nicht ausweichen, nämlich: »Willst Du, ein vernünftiges und gutes Wesen, das heute erschienen ist und morgen wieder verschwinden kann, – willst Du, wenn Du an Gott glaubst, seinem Gesetz und Willen zuwider handeln, obgleich Du weißt, daß Du jeden Augenblick zu ihm berufen werden kannst, oder, wenn Du nicht an Gott glaubst, jenen Eigenschaften des Verstandes und der Liebe zuwiderhandeln, welche allein Dir als Richtschnur im Leben dienen können, obgleich Du weißt, daß, wenn Du Dich irrst, Du niemals imstande sein wirst, Deinen Irrtum wieder gut zu machen?

Und die Antwort auf diese Frage kann für die Menschen, für welche sie aufgeworfen wurde, nicht anders lauten als: »Nein, ich kann nicht, ich will nicht!«

Man wird sagen: »Das ist der Umsturz der Regierung und die Vernichtung der bestehenden Ordnung.« Aber wenn die Erfüllung des Willens Gottes die bestehende Ordnung umstürzt, – ist das nicht ein unzweifelhafter Beweis dafür, daß die bestehende Ordnung dem Willen Gottes widerspricht und zerstört werden muß?

15. Dezember 1894.
Leo Tolstoi.

Brief an einen Polen.

Marian Edmundowitsch!

Ihren Brief habe ich erhalten und beeilte mich, Ihre Abhandlung im »Nordischen Boten«
zu lesen. Ich bin Ihnen sehr dankbar dafür, daß Sie mich darauf hingewiesen haben. Die Ab-
handlung ist vorzüglich, ich habe daraus viel gelernt, was mir sehr erfreulich ist. Ich wußte
von Mickiewitsch und Tobjanski. Aber ich schrieb ihre religiöse Stimmung ausschließlich den
Eigenheiten dieser beiden Menschen zu. Aus Ihrer Abhandlung habe ich aber gesehen, daß sie
nur die Schöpfer einer durch den Patriotismus hervorgerufenen, durch seine Erhabenheit und
Aufrichtigkeit tief rührenden, wirklich echt christlichen Bewegung waren, welche noch jetzt
fortdauert. Mein Aufsatz »Patriotismus und Christentum« hat sehr viele Erwiderungen hervor-
gerufen, sowohl von Philosophen als Publizisten, sowohl russischen und französischen, als deut-
schen und österreichischen. Auch Sie geben eine Erwiderung darauf. Und alle Erwiderungen,
auch die Ihrige, laufen darauf hinaus, daß meine Verurteilung des Patriotismus gerechtfertigt
sei in Beziehung auf den schlechten Patriotismus, – aber keine Begründung habe, wenn man
sie auf den guten und nützlichen Patriotismus anwenden wolle. Das aber, worin der gute und
nützliche Patriotismus bestehe und durch was er sich von dem schlechten unterscheide, hat bis
jetzt niemand aufzuklären sich die Mühe gegeben.

Sie schreiben in Ihrem Brief, »daß außer dem kriegerischen, menschenhassenden Patriotis-
mus mächtiger Völker noch ein ganz entgegengesetzter Patriotismus der unterdrückten Völker
bestehe, welcher nur danach strebt, den angestammten Glauben und die Muttersprache gegen
die Feinde zu verteidigen.« Und durch diese Lage der Unterdrückung wird der gute Patriotismus
bestimmt, aber die Unterdrückung oder die Mächtigkeit der Völker macht keinen Unterschied
im Wesen dessen, was man Patriotismus nennt. Das Feuer wird immer dasselbe brennende und
gefährliche Feuer sein, ob man einen Scheiterhaufen oder ein Zündholz entzündet.

Unter Patriotismus versteht man gewöhnlich die Bevorzugung und die Liebe des eigenen
Volkes vor anderen Völkern, ganz ebenso wie man unter Egoismus die bevorzugende Vorliebe
für die eigene Persönlichkeit versteht. Und es ist schwer, sich vorzustellen, auf welche Weise eine
solche Bevorzugung eines Volkes vor anderen eine gute und daher wünschenswerte Eigenschaft
genannt werden kann. Wenn Sie sagen, der Patriotismus sei mehr zu entschuldigen bei einem
Unterdrückten als bei einem Unterdrücker, ebenso wie die Erscheinung des Egoismus mehr
zu entschuldigen ist bei einem Menschen, den man erwürgt, als bei einem solchen, der durch
nichts beunruhigt wird, so kann man nicht umhin, mit Ihnen übereinzustimmen. Aber seine
Eigenheit kann der Patriotismus deshalb nicht abändern, weil er entweder als Unterdrückter
oder als Unterdrücker erscheint. Und diese Eigenheit der Bevorzugung eines Volkes vor allen
anderen kann ebensowenig als der Egoismus gut sein.

Aber außerdem, daß der Patriotismus eine schlimme Eigenschaft ist, ist er auch eine unver-
nünftige Lehre.

Unter dem Worte Patriotismus versteht man nicht nur die unmittelbare, unwillkürliche Liebe
zum eigenen Volk und die Bevorzugung desselben vor anderen Völkern, sondern auch die Lehre,
daß eine solche Bevorzugung gut und nützlich sei. Und diese Lehre ist besonders unvernünftig
inmitten der christlichen Völker.

Unvernünftig ist sie nicht nur deshalb, weil sie den Grundwahrheiten der Lehre Christi wi-
derspricht, sondern auch deshalb, weil das Christentum auf seinem eigenen Wege alles das er-
reicht, nach dem der Patriotismus strebt und daher den Patriotismus überflüssig macht, wie
eine Lampe bei Tageslicht.

Ein Mensch, wie Krasinski, welcher daran glaubt, *»daß die Kirche Gottes nicht dieser oder jener
Ort, nicht dieser oder jener Gebrauch ist, sondern alle Planeten umfaßt und alle überhaupt möglichen
Beziehungen der Persönlichkeiten und Völker unter sich«*, kann kein Patriot sein, weil er im Namen
des Christentums alles das vollbringt, was der Patriotismus von ihm verlangen kann. Der Patrio-
tismus verlangt zum Beispiel von seinem Anhänger das Opfer seines Lebens zum Wohl seiner

Landsleute, das Christentum aber verlangt das Opfer zum Wohl aller Menschen, und darum selbstverständlich auch für die Angehörigen seines Volkes.

Sie schreiben über jene Gewaltthaten, welche von den wilden, dummen, grausamen, russischen Gewalthabern an dem Glauben und der Sprache der Polen verübt werden, und bezeichnen das als Veranlassung der patriotischen Bestrebungen, aber ich kann das nicht einsehen. Um über diese Gewaltthaten empört zu sein und ihnen aus allen Kräften entgegenzuarbeiten, hat man nicht nötig, ein Pole noch ein Patriot zu sein, es genügt dazu ein Christ zu sein.

Im vorliegenden Fall zum Beispiel wetteifere auch ich, ohne selbst Pole zu sein, mit jedem Polen in dem Abscheu vor den wilden und dummen Maßregeln russischer Staatsmänner, die sie gegen den Glauben und die Sprache der Polen in Anwendung bringen, und sympathisiere auch mit Ihnen in dem Wunsch, diese Maßregeln zu bekämpfen, und nicht, weil ich den Katholizismus mehr liebe als einen anderen Glauben, oder weil ich die polnische Sprache mehr liebe als irgend eine andere, sondern deshalb, weil ich mich bemühe, Christ zu sein. Und damit solche Vorkommnisse weder in Polen, noch im Elsaß, noch in Tschechien sich ereignen, ist nicht eine Ausbreitung des Patriotismus, sondern die Verbreitung des wahren Christentums notwendig.

Man kann sagen, daß wir das Christentum nicht kennen wollen und dann kann man den Patriotismus rühmen. Sobald wir uns aber zum Christentum bekennen, oder wenigstens zu der daraus hervorgehenden Anerkennung der Gleichheit der Menschen oder der Achtung der Menschenwürde, so findet der Patriotismus keine Stelle. Mich wundert dabei hauptsächlich, wie wenig die Verteidiger des Patriotismus unterdrückter Völker (wie vervollkommnet und verfeinert sie ihn sich auch vorstellen mögen) einsehen, wie schädlich der Patriotismus gerade ihren Zwecken ist.

In wessen Namen wurden und werden alle Gewaltthaten gegen die Sprache und den Glauben in Polen, den Ostseeprovinzen, im Elsaß, Tschechien und gegen die Juden in Rußland verübt? Nur im Namen desselben Patriotismus, den sie verteidigen.

Fragen Sie unsere wilden Russifikatoren in Polen, in den Ostseeprovinzen und die Verfolger der Juden, warum sie so handeln. Sie werden Ihnen sagen, das geschehe zur Verteidigung des angestammten Glaubens und der Muttersprache, sie werden Ihnen sagen, wenn sie das nicht thun würden, so würde der angestammte Glauben und die Muttersprache darunter leiden, die Russen würden sich polonisieren, germanisieren oder judaisieren.

Wenn nicht gelehrt würde, der Patriotismus sei etwas Gutes, so würden sich keine abscheulichen Menschen finden, welche am Ende des neunzehnten Jahrhunderts solche Ungeheuerlichkeiten verüben, wie es jetzt vorkommt.

Jetzt widmen sich auch Gelehrte – (bei uns ist der wildeste Verfolger des Glaubens ein früherer Professor) – dem Kampf für den Patriotismus. Sie kennen alle die nutzlosen Greuel der Verfolgung von Sprache und Glauben, aber die Lehre des Patriotismus rechtfertigt sie. Der Patriotismus giebt ihnen den Standpunkt des Kampfes, das Christentum aber nimmt ihnen denselben unter den Füßen weg und darum müssen die unterjochten Völker, welche unter der Unterdrückung leiden, den Patriotismus vernichten, die theoretischen Grundlagen zerstören, ihn verlachen, aber nicht rühmen.

Zu Gunsten des Patriotismus spricht man auch von der Individualität der Völkerschaften, sowie davon, der Patriotismus habe den Zweck, die Individualität der Völker zu retten. Die Individualität der Völker aber hält man für eine notwendige Vorbedingung zum Fortschritt. Wer aber hat gesagt, daß die Individualität eine notwendige Vorbedingung des Fortschrittes sei? Das ist durch nichts bewiesen, und wir haben nicht das Recht, dies als einen feststehenden Satz, als ein Axiom anzusehen. Zweitens wenn wir auch zugeben würden, es sei so, so besteht auch dann für ein Volk das Mittel, seine Individualität zu äußern, nicht darin, sich Mühe zu geben, sie an den Tag zu legen, sondern im Gegenteil darin, die eigene Individualität zu vergessen und dann mit allen Kräften das zu thun, wozu das Volk sich am meisten befähigt und daher berufen fühlt, – ganz ebenso wie ein einzelner Mensch nicht dadurch seine Individualität äußert, daß er sich um dieselbe bemüht, sondern dadurch, daß er sie vergißt, und dann nach dem Maß seiner Kräfte und Fähigkeiten das thut, wozu ihn seine Natur hinzieht. Das ist ganz dasselbe, wie die Sorge darum, daß die Menschen, welche zur Erhaltung ihrer Gemeinde arbeiten, verschiedenartige Arbeiten vollbringen und an verschiedenen Stellen. Wenn nur jeder nach dem Maß seiner Kräfte und Fähigkeiten das für die Gemeinde Nötigste thut und es aus allen seinen Kräften thut, so werden sie alle unwillkürlich verschieden mit gleichen Werkzeugen und an verschiedenen Orten arbeiten. Einer der gewöhnlichen Sophismen, welcher zur Verteidigung des Unsittlichen angewendet wird, besteht darin, daß man absichtlich das, was ist, mit dem, was sein soll, vermischt, daß man von dem einen spricht und das andere meint. Und dieser selbe Sophismus wird am meisten auch in Bezug auf den Patriotismus angewendet. Jedem Polen ist ein Pole am teuersten, dem Deutschen ein Deutscher, dem Juden ein Jude, dem Russen ein Russe. Es ist sogar oft der Fall, daß infolge historischer Veranlassungen und einer anderen Erziehung die Leute eines Volkes unbewußt einen Widerwillen und Abneigung für Menschen aus dem anderen Volk empfinden. Alles das ist so, aber die Erkenntnis, daß das so ist, sowie auch die Nichterkenntnis dessen, daß jeder Mensch seine Person mehr liebt als die anderer Menschen, können keineswegs beweisen, daß das so sein müsse, im Gegenteil: Die Aufgabe der ganzen Menschheit und jedes einzelnen Menschen besteht hier nur darin, diese Bevorzugung und diesen Widerwillen zu beseitigen, sie zu bekämpfen und mit Bewußtsein in Bezug auf andere Völker ganz ebenso zu verfahren, wie man in Bezug auf das eigene Volk und die eigenen Landsleute verfährt. Es ist vollständig überflüssig, den Patriotismus als ein Gefühl zu behandeln, dessen Erregung in jedem Menschen wünschenswert sei. Gott oder die Natur sorgen schon ohne unser Zuthun für dieses Gefühl, so daß es in jedem Menschen vorhanden ist, und wir uns um die Entwicklung desselben in uns und anderen nicht zu bemühen brauchen. Nicht um den Patriotismus haben wir uns zu bemühen, sondern darum, daß wir dieses Licht, das in uns ist, ins Leben einführen, es abändern und dem Ideal nähern, das vor uns steht. Das Ideal aber, das in jetziger Zeit vor jedem Menschen steht, welcher mit dem wirklichen Licht Christi erleuchtet ist, besteht nicht in der Wiederherstellung Polens, Böhmens, Irlands, Armeniens und nicht in der Erhaltung der Einheit und Größe Rußlands und Englands, Deutschlands und Österreichs, sondern im Gegenteil in der Vernichtung dieser Einheit und Größe Rußlands, Englands, Deutschlands und Österreichs, in der Vernichtung dieser gewaltsamen, unchristlichen Vereinigungen, die man Reiche nennt und welche jedem wahren Fortschritt im Wege stehen, den unterdrückten und unterworfenen Völkern Leiden verursachen und alles Übel, an welchem die heutige Menschheit krankt. Diese Vernichtung aber ist nur durch die wahre Aufklärung möglich: Durch die Erkenntnis dessen; daß wir nicht in erster Reihe Russen, Polen, Deutsche sind, sondern Menschen, Schüler eines Lehrers, Söhne eines Vaters und Bruders untereinander, und das haben die besten Vertreter des polnischen Volks begriffen, wie Sie das in Ihrer Abhandlung so schön darlegten. Und das begreift mit jedem Tag eine größere Menge von Menschen auf der ganzen Welt, daher sind die Tage des Reiches der Gewalt schon gezählt und die Befreiung, nicht nur der unterdrückten Völker, sondern auch der unterdrückten Arbeiter ist nahe, wenn wir selbst nicht das Herankommen dieser Befreiung dadurch verzögern, daß wir durch Wort und That an den Handlungen der Gewaltthat der Regierung teilnehmen. Die Anerkennung des Patriotismus in irgend einer Form als eine gute Eigenschaft und die Erregung desselben im Volk ist eines der hauptsächlichsten Hindernisse der Erreichung der vor uns stehenden Ideale.

Ich danke Ihnen sehr, geehrter Herr, für Ihren vortrefflichen Brief, für die schöne Abhandlung und für die Gelegenheit, die Sie mir dadurch gegeben haben, meine Gedanken über den Patriotismus noch einmal zu berichtigen, zu überlegen und auszusprechen.

Genehmigen Sie die Versicherung meiner Hochachtung.

10. September 1895.
Leo Tolstoi.

Patriotismus oder Frieden?

Geehrter Herr!

Sie wünschen, ich möchte mich in Bezug auf die Vereinigten Staaten »im Interesse der christlichen Folgerichtigkeit und des wahren Friedens« aussprechen, und drücken die Hoffnung aus, »daß die Völker sich bald auf das einzige Mittel zur Sicherung des internationalen Friedens besinnen werden«.

Ich hege dieselbe Hoffnung, weil die Verblendung, in der heutzutage sich die Völker befinden, welche den Patriotismus verherrlichen, ihre jungen Generationen im Aberglauben des Patriotismus erziehen, dabei aber die unvermeidlichen Folgen des Patriotismus, die Kriege, zu vermeiden wünschen – wie mir scheint, in jenes äußerste Stadium gelangt sind, in welchem der einfachste, jedem unbefangenen Menschen auf der Zunge liegende Gedanke herbeiführen kann, daß die Menschen einsehen, in welchem schreienden Widerspruch sie sich befinden.

Wenn man die Kinder fragt, welches von zwei unvereinbaren Dingen sie vorziehen, die ihnen beide gefallen, so antworten sie gewöhnlich: Das eine und das andere. Fragt man: »Willst Du Schlittschuh laufen oder zu Hause spielen,« so lautet die Antwort: »Ich will Schlittschuh laufen und zu Hause spielen.«

Ganz ebenso antworten die christlichen Völker auf die ihnen vom Leben gestellte Frage, was sie vorziehen, den Patriotismus oder den Frieden. Sie antworten: »Den Patriotismus und den Frieden,« – obgleich es ebenso unmöglich ist, den Patriotismus mit dem Frieden zu vereinbaren, als gleichzeitig auf die Schlittschuhbahn zu gehen und zu Hause zu bleiben.

Vor kurzem erhob sich zwischen den Vereinigten Staaten und England ein Streit wegen der Grenzen von Venezuela. Salisbury war unwirsch, Cleveland schrieb eine Botschaft an den Senat, auf beiden Seiten ertönte Kriegsgeschrei, auf den Börsen entstand eine Panik, Millionen Pfund Sterling und Dollars gingen verloren. Edison sagte, er werde neue Granaten erfinden, mit welchen man in einer Stunde mehr Menschen töten könne, als Attila während aller seiner Kriege, und beide Völker begannen, sich energisch zum Krieg vorzubereiten. Aber vielleicht deshalb, weil gleichzeitig mit diesen Kriegsvorbereitungen, sowohl in England als in Amerika, verschiedene Schriftsteller, Prinzen und Staatsmänner die Regierungen ermahnten, sich des Krieges zu enthalten, weil der Streitgegenstand nicht wichtig genug sei, um einen Krieg anzufangen, besonders zwischen zwei verwandten angelsächsischen Völkern, welche dieselbe Sprache sprechen und einander nicht bekriegen, sondern ruhig über andere Völker herrschen sollten – oder vielleicht deswegen, weil Bischöfe, Erzpriester und niedere Geistliche aller Art in ihren Kirchen um Erhaltung des Friedens beteten, – oder auch deshalb, weil beide Teile sich für noch nicht genügend kriegsbereit hielten, kam es für dieses Mal nicht zum Krieg. Und die Menschen beruhigten sich.

Es gehört wenig *perspicacité* (Scharfsinn) dazu, einzusehen, daß die Ursachen, welche jetzt den Streit zwischen England und Amerika herbeiführten, dieselben geblieben sind, und daß, wenn auch der jetzige Streit ohne Krieg beigelegt wurde, doch heute oder morgen andere Kriegsfälle zwischen England und Deutschland, England und Rußland, England und der Türkei aus allen möglichen Ursachen entstehen können, wie sie sich alltäglich zeigen, und daß irgend einer dieser Streitpunkte unvermeidlich zum Krieg führen wird.

Wenn zwei bewaffnete Menschen nebeneinander leben, welchen von Kindheit auf eingeredet wurde, daß Macht, Reichtum und Ruhm die höchsten Vorzüge seien, und daß es daher ein ruhmwürdiges Beginnen sei, Macht, Reichtum und Ruhm mit den Waffen zu erwerben, wenn auch zum Nachteil anderer benachbarter Herrscher, und wenn zugleich über diesen Menschen weder eine sittliche, noch religiöse, noch staatliche Macht steht, die sie einschränkt, so ist es klar, daß diese Menschen immer Krieg führen werden, daß das normale Verhältnis zwischen ihnen der Krieg sein wird, und daß, wenn diese Menschen auch zeitweilig von einander ablassen, dies, doch nur geschieht, wie der Franzose sagt: *»Pour mieux sauter«* um besser zu springen, das heißt, sie trennen sich, um einen Anlauf zu nehmen und um sich mit vermehrter Wut aufeinander zu stürzen.

Schrecklich ist der Egoismus im gewöhnlichen Leben, aber die Egoisten des Alltagslebens sind nicht bewaffnet und halten es nicht für ruhmwürdig, Waffen gegen ihresgleichen anzuwenden. Ihr Egoismus wird durch die Staatsgewalt und die öffentliche Meinung beschränkt. Ein Privatmann, welcher mit den Waffen in der Hand seinem Nachbar eine Kuh oder Saatkorn raubt, wird sogleich von der Polizei ergriffen und ins Gefängnis gebracht. Außerdem wird ein solcher Mensch von der öffentlichen Meinung verurteilt und Dieb und Räuber genannt. Ganz anders aber ist es im staatlichen Leben. Alle Staaten sind bewaffnet, keine höhere Gewalt steht über ihnen, außer den komischen Bemühungen, den Vogel zu fangen und ihm Salz auf den Schwanz zu streuen – nämlich den Versuchen, internationale Friedenskongresse zu errichten, welche augenscheinlich niemals von mächtigen Staaten angenommen werden (die sich ja eben deshalb bewaffnet haben, weil sie sich niemand unterordnen wollen). Und dazu kommt noch, daß die öffentliche Meinung, welche jede Gewaltthat eines gewöhnlichen Menschen verurteilt, jede Aneignung fremden Gutes zur Vergrößerung der Macht seines Vaterlandes rühmt, als eine That des Patriotismus.

Zu welcher Zeit man auch in eine Zeitung blickt, stets findet man irgend einen schwarzen Punkt, welcher die Ursache eines Krieges werden kann. Bald ist es Korea, bald Pamir, bald sind es afrikanische Länder, Abessinien oder Armenien, die Türkei, Venezuela oder Transvaal. Die Raubthaten hören keinen Augenblick auf. Unaufhörlich bricht bald hier, bald dort ein kleiner Krieg aus, wie das Feuer in einer Schützenkette, und jeden Augenblick kann ein großer Krieg beginnen.

Wenn ein Amerikaner vor allen anderen Ländern der Größe und Wohlfahrt Amerikas seine Wünsche weiht, so wünscht auch ein Engländer dasselbe für sein Vaterland, und dasselbe wünscht auch ein Russe, ein Türke, ein Holländer, ein Abessinier, ein Bewohner von Venezuela oder von Transvaal, ein Armenier, ein Pole und ein Tscheche, und alle sind überzeugt, daß man diese Wünsche nicht verbergen und unterdrücken dürfe, sondern, daß man sich ihrer rühmen könne und sie bei sich und anderen erwecken müsse, und wenn die Größe und Wohlfahrt eines Landes und Volkes nicht anders gefördert werden kann, als mit Benachteiligung eines oder gar mehrerer anderer Länder und Völker – so ist der Krieg unvermeidlich. Und darum ist das wirksamste Mittel zur Vermeidung des Krieges nicht, Predigten und Gebete um Erhaltung des Friedens zu lesen, noch die englisch sprechenden Nationen zur Freundschaft unter sich zu ermahnen, um über andere Völker zu herrschen, noch Zweibünde und Dreibünde gegeneinander zu errichten, noch Prinzen mit Prinzessinnen zu verheiraten, sondern notwendig ist vor allem, das zu vernichten, was den Krieg hervorbringt. Der Krieg aber wird durch den Wunsch ausschließlichen Wohlergehens für das eigene Volk, das, was man Patriotismus nennt, hervorgebracht. Will man den Krieg abschaffen, so muß man also den Patriotismus abschaffen. Um aber den Patriotismus abzuschaffen, muß man vor allem sich selbst überzeugen, daß er vom Übel ist, und das ist eben schwer. Sagt man den Menschen, der Krieg sei schlecht, so werden sie lachen, denn das weiß jedermann. Sagt man ihnen, der Patriotismus sei schlecht, so wird die Mehrzahl beistimmen, aber mit einem kleinen Vorbehalt: »Ja, der schlechte Patriotismus ist schlecht, aber es giebt noch einen anderen Patriotismus, den, an welchen wir uns halten.« Aber worin dieser gute Patriotismus besteht, das erklärt niemand. Wenn der gute Patriotismus darin besteht, daß man nicht eroberungssüchtig ist, wie viele sagen, so ist doch der Patriotismus unfehlbar konservativ, das heißt: von solcher Art, daß die Menschen behalten wollen, was früher erobert wurde. Denn es giebt kein Reich, das nicht durch Eroberung gegründet worden wäre, und das Eroberte zu behaupten, ist durch keine anderen Mittel möglich, als eben durch dieselben, durch welche erobert wird, nämlich Gewaltthat, Mord. Wenn der Patriotismus wirklich nicht konservativ ist, so ist er wiederherstellend – der Patriotismus unterdrückter Völker, Armenier, Polen, Tschechen, Irländer und so weiter. Und dieser Patriotismus ist beinahe der schlimmere, weil er der grimmigste ist und noch heftiger nach Gewaltthat verlangt.

Der Patriotismus kann nicht gut sein. Warum sagen die Leute nicht, der Egoismus könne gut sein, obgleich dies leichter zu behaupten wäre, weil der Egoismus ein natürliches Gefühl ist, mit welchem der Mensch geboren wird, während der Patriotismus ein künstliches, ihm eingeimpftes Gefühl ist.

Man sagt: »Der Patriotismus verband die Menschen zu Reichen und erhält die Einheit der Reiche,« aber die Menschen haben sich schon zu Reichen vereinigt, das ist eine vollendete Thatsache. Warum aber soll man jetzt die ausschließliche Hingebung der Menschen für ihr Reich begünstigen, wenn diese Hingebung den Reichen und Völkern schreckliches Elend bringt? Derselbe Patriotismus, welcher die Einigung der Menschen zu Reichen veranlaßt hat, zerstört jetzt dieselben Reiche. Wenn es nur eine Art von Patriotismus gäbe, wie der Patriotismus der Engländer allein, so könnte man ihn für vereinigend oder tugendhaft halten, aber wenn es so wie jetzt sehr verschiedene Arten giebt: einen amerikanischen, englischen, deutschen, französischen, russischen, welche alle einander gegenüberstehen, so wirkt der Patriotismus nicht mehr vereinigend, sondern trennend. Wollte man sagen, wenn der Patriotismus wohlthätig gewirkt habe, indem er die Menschen zu Reichen vereinigt habe, wie zur Zeit seiner Blüte in Griechenland und Rom, so sei ihr Patriotismus auch jetzt nach achtzehnhundertjährigem, christlichem Leben ebenso wohlthätig, so könnte man ebenso gut sagen, da das Pflügen für das Feld vor der Aussaat nützlich gewesen sei, so werde es auch jetzt ebenso nützlich sein, nachdem die Aussaat bereits vorüber ist.

Es wäre ja gut, wenn man dem Patriotismus das Andenken an jenen Nutzen bewahren könnte, welchen er einst den Menschen gebracht hat, ganz ebenso wie die Menschen das Andenken an altertümliche Denkmäler, Kirchen, Grabmäler und so weiter bewahren. Aber die Kirchen und Gräber stehen still und fügen den Menschen keinen Schaden zu, der Patriotismus aber verursacht den Menschen unzählige Leiden.

Warum leiden und morden sich jetzt auf wilde Weise die Armenier und Türken? Warum sind England und Rußland jedes mit der ferneren Erbschaft der Türkei beschäftigt und sehen den Mordthaten in Armenien unthätig zu. Warum morden sich die Abessinier und Italiener? Warum wollte kürzlich ein schrecklicher Krieg wegen Venezuela ausbrechen und dann wegen Transvaal? Und der chinesisch-japanische Krieg und der türkische, deutsche und französische? Und die Schwächungen der unterworfenen Völker, Armenier, Polen, Irländer und die Kriegsrüstungen aller Völker? Alles sind Früchte des Patriotismus. Ströme von Blut sind wegen dieses Gefühls geflossen und werden noch seinetwegen fließen, wenn die Menschen sich nicht von diesem überlebten Überrest des Altertums befreien.

Schon mehrmals hatte ich über den Patriotismus zu schreiben, über die vollständige Unvereinbarkeit, nicht nur mit der Lehre Christi in ihrem idealen Sinn, sondern auch mit den niedrigsten sittlichen Anforderungen der christlichen Gesellschaft, und jedesmal antwortet man mir auf meine Beweisgründe durch Schweigen oder durch den hochmütigen Hinweis darauf, die von mir ausgesprochenen Gedanken seien Phantasien des Mysticismus, des Anarchismus und des Kosmopolitismus. Oft wurden meine Gedanken in gedrängter Form wiederholt, zugleich mit einer Erwiderung derselben. Es wurde nur hinzugefügt, das sei nichts anderes als Kosmopolitismus, als ob das Wort Kosmopolitismus alle meine Beweisgründe siegreich widerlegen würde. Ernste, kluge, gute, alte Leute, welche vor allem wie die Stadt auf der Höhe des Berges stehen, Leute, welche durch ihr Beispiel unwillkürlich die Massen leiten, stellen sich an, als ob die Rechtmäßigkeit und Tugendhaftigkeit des Patriotismus so sehr augenscheinlich und unzweifelhaft sei, daß es überflüssig sei, die leichtsinnigen und unsinnigen Angriffe auf dieses heilige Gefühl zu beantworten. Und die meisten Menschen, welche von Jugend auf durch den Patriotismus bethört wurden, halten dieses hochmütige Schweigen für einen überzeugenden Beweis und verharren in ihrer Unwissenheit.

Und darum begehen die Menschen eine große Sünde, welche durch ihre Stellung dazu beitragen, könnten, die Massen von ihren Irrtümern zu befreien, dies aber unterlassen.

Das Schrecklichste ist, daß es in der Welt Heuchelei giebt. Nicht umsonst war Christus nur ein einziges Mal erzürnt, und zwar über die Heuchelei der Pharisäer. Im Vergleich mit der Heuchelei unserer Zeit wären die Pharisäer die gerechtesten Menschen, und ihre Kunst der Heuchelei ist im Vergleich mit unseren Künsten ein Kinderspielzeug. Und anders kann es nicht sein. Unser ganzes Leben mit dem christlichen Bekenntnis, den Lehren der Demut und Liebe im Verein mit dem Leben einer bewaffneten Räuberbande kann nichts anderes sein als schreckliche Heuchelei. Es ist sehr bequem, sich zu einer solchen Lehre zu bekennen, welche an einem Ende die christliche Heiligkeit und darum Sündlosigkeit, am anderen Ende aber das heidnische Schwert und den Galgen hat. Auf diese Art kann man, um durch Heiligkeit zu imponieren und betrügen, die Heiligkeit vorkehren, wenn aber der Betrug mißlingt, Schwert und Galgen anwenden. Eine solche Lehre ist sehr bequem, aber die Zeit wird kommen, wo dieses Lügengewebe zerrissen wird, wo man nicht mehr beides in Anwendung bringen kann, und es notwendig wird, sich zu dem einen oder anderen zu halten. Dasselbe steht jetzt bevor in Bezug auf die Lehre vom Patriotismus.

Ob die Menschen wollen oder nicht, diese Frage steht jetzt vor der Menschheit: Auf welche Weise kann dieser Patriotismus, von welchem physische und geistige Leiden der Menschheit herstammen, nützlich und wohlthätig werden? Es ist notwendig, auf diese Frage eine Antwort zu finden.

Es ist notwendig, entweder zu beweisen, daß der Patriotismus ein großes Heil sei, das alles jenes schreckliche Elend aufwiegt, das er der Menschheit bringt, oder einzugestehen, daß der Patriotismus ein Übel ist, das man nicht nur den Menschen nicht einflößen darf, sondern vor welchem man sich mit allen Kräften zu bewahren suchen muß.

» *C'est à prendre ou à laisser,*« wie der Franzose sagt. Wenn der Patriotismus gut ist, so ist das Christentum, das den Frieden bringt, eine leere Phantasie, und je schneller diese Lehre ausgerottet wird, desto besser. Wenn aber das Christentum wirklich den Frieden bringt, und wir in Wahrheit den Frieden wollen, ist der Patriotismus ein Überrest der barbarischen Zeit und darf nicht anerzogen werden, wie wir das jetzt thun, sondern muß mit allen Mitteln ausgerottet werden: durch Predigt, Ermahnung, Verachtung, Spott. Wenn das Christentum die Wahrheit ist, und wir im Frieden leben wollen, so kann man nicht nur nicht für die Macht seines Vaterlandes schwärmen, sondern man muß sich freuen über seine Schwächung und dazu mitwirken. Der Russe muß sich freuen, wenn sich Polen und das Ostseegebiet, Finnland, Armenien von ihm trennen und sich befreien, und der Engländer muß sich freuen über dasselbe in Beziehung auf Irland, Australien, Indien und andere Kolonien und dazu mitwirken, weil, je größer das Reich ist, um so bösartiger und grausamer auch sein Patriotismus ist und um so größere Leiden seine Macht hervorbringt.

Und darum, wenn wir wirklich sein wollen, was wir zu sein bekennen, so müssen wir nicht wie jetzt die Vergrößerung unseres Reiches, sondern die Verkleinerung und Schwächerung desselben wünschen und mit allen Kräften danach streben, und müssen den jungen Generationen bei der Erziehung einprägen, daß es eine Schande für einen Menschen ist, seinen groben Egoismus darin zu zeigen, daß er alles aufißt und für andere nichts übrig läßt, daß er den Schwächeren aus dem Wege stößt, um selbst bequemer vorüberzugehen, daß er mit Gewalt wegnimmt, was ein anderer bedarf, und daß es auch eine Schande wäre, nach der Vergrößerung der Macht seines Vaterlandes zu streben, und daß ebenso dumm und lächerlich wie die Selbstverherrlichung auch die Verherrlichung seines Volkes ist, wie sie jetzt in verschiedenen pseudopatriotischen Geschichten, Bildern, Denkmälern, Lehrbüchern, Erzählungen, Gedichten, Predigten, sowie in den einfältigen Volkshymnen geübt wird. Aber man muß begreifen, daß, so lange wir den Patriotismus verherrlichen und in den jungen Generationen aufziehen, bei uns die Kriegsbereitschaft herrschen wird, welche das physische und geistige Leben der Völker zerstört, und daß auch Kriege kommen werden, entsetzliche Kriege, wie diejenigen, zu denen wir uns jetzt vorbereiten.

Kaiser Wilhelm hat kürzlich ein Bild gemalt, in welchem die Völker Europas bewaffnet am Ufer des Meeres stehen und nach Anweisung des Erzengels Michael nach den in der Ferne sichtbaren Gestalten von Buddha und Confucius blicken. Nach der Absicht des Malers sollte dies bedeuten, daß die Völker Europas sich vereinigen sollten, um der von dorther sich nahenden Gefahr entgegenzutreten, und er hat vollkommen recht, auch von seinem Standpunkt als Patriot aus. Die europäischen Völker haben Christus im Namen ihres Patriotismus vergessen und haben diese friedlichen Völker aufgereizt und sie Patriotismus und Kriegskunst gelehrt, und jetzt haben sie sie so sehr aufgestachelt, daß, wenn in Wirklichkeit Japan und China die Lehre von Buddha und von Confucius ebenso vergessen, wie wir die Lehre Christi vergessen haben, sie sehr bald die Kunst, Menschen zu morden, lernen (das geht sehr schnell, wie die Japaner beweisen) und furchtlos, gewandt, stark und zahlreich werden und unfehlbar sehr bald aus den Ländern Europas dasselbe machen werden, was die Länder Europas aus Afrika machen, wenn die Europäer nicht verstehen, ihnen etwas Stärkeres entgegenzusetzen, als die Waffen und die Erfindungen Edisons. Der Jünger ist nicht über seinem Meister. Wenn der Jünger ist wie sein Meister, so ist er vollkommen. (Lucas VI, 40.)

Auf die Frage eines Fürsten, wie und um wieviel er seine Truppen vermehren solle, um ein südlich von ihm lebendes, noch nicht unterworfenes Volk zu besiegen, erwiderte Confucius: »Beseitige Deine ganze Truppenmacht. Verwende das, was Du jetzt für die Truppen ausgiebst, auf die Erleuchtung Deines Volkes und auf die Verbesserung der Landwirtschaft, dann wird das südliche Volk seinen Fürsten verjagen und sich ohne Krieg Deiner Gewalt unterwerfen.«

So lehrte Confucius, welchen man so verehrt. Wir aber haben die Lehre Christi vergessen, verleugnen ihn und ziehen aus, um Völker mit Gewalt zu unterwerfen, und dadurch machen wir uns nur neue und stärkere Feinde als unsere Nachbarn. Einer meiner Freunde, welcher das Bild Kaiser Wilhelms gesehen hatte, sagte: »Das Bild ist schön, nur stellt es nicht das vor, was die Unterschrift besagt: Es stellt dar, wie der Erzengel Michael allen Völkern Europas, welche als schwerbewaffnete Räuber dargestellt sind, das zeigt, was sie zu Grunde richtet, nämlich die Milde Buddhas und den Verstand des Confucius.« Er hätte hinzufügen können »und die Demut des Lao-Tse«. Und wir haben wirklich dank unserer Heuchelei Christus so sehr vergessen und aus unserem Leben alles Christliche ausgerottet, daß die Lehren des Buddha und des Confucius unvergleichlich höher stehen als jener barbarische Patriotismus, durch den sich unsere pseudochristlichen Völker leiten lassen.

Und darum liegt die Rettung Europas und der christlichen Welt überhaupt nicht darin, daß sie sich wie Räuber mit Schwertern umgürten, um Menschen jenseits des Meeres zu morden, sondern im Gegenteil darin, daß sie sich von den Überresten der barbarischen Zeiten, dem Patriotismus, lossagen, die Waffen ablegen und den Völkern des Ostens nicht das Beispiel eines wilden, barbarischen Patriotismus geben, sondern das Beispiel brüderlicher Liebe, wie uns Christus gelehrt hat.

Moskau, den 5. Januar 1896. Leo Tolstoi